図解 老人の取扱説明書

医師／医学博士
平松類

はじめに

老人の困った行動の数々、実は認知症や性格によるのではなく…

「老人ってキレやすいし、話が通じないし、他人の意見を取り入れないし、ボケてきたせいかよくわからない行動をするし、いじわるをしてくることがある…」。高齢者に対して、こんなイメージをお持ちではないでしょうか。

そして高齢者がこうなってしまう原因として、「認知症でボケてきたこと」「カタブツでガンコになっていること」「若者や社会に対してひがみがあること」——こんなふうに考えていると思います。

実はこれ、高齢者への偏見です。もちろん、中にはこういったことが関係することもありますが、実態は大きく違います。

では、高齢者の困った行動の原因となる真実は、いったい何なのでしょうか？　それ

は、認知症や性格によるものというよりも、老化による体の変化だったのです。真実を知れば、どう解決するべきかも、どう予防するべきかも、すでに医学的に説明がつくことで明らかになります。

例えば、赤信号でも平気で渡る高齢者はいますが、「ボケていて信号に気づかない」「車のほうが止まってくれると思っている」ではなく、「瞼《まぶた》が下がってきたり、転倒防止のために下ばかり見ているから信号がよく見えていない」「日本の信号機は高齢者が歩くスピードで渡り切れないように作られている」など、老化による体の変化が原因だったのです。

この老化による体の変化を知ることが、実はすごく重要なのです。知ってそれに対する対処・対応を間違えなければ、周囲は高齢者が困った行動を起こしてもイライラしなくなりますし、冷静に対処できます。高齢者自身は、思うように体が動かなかったり、周囲と上手にやりとりできなかったりすることに卑屈《ひくつ》になることも減ります。

本書では、老化による体の変化と、周囲がすべきこと、高齢者本人がすべきことを、医学的背景にそってわかりやすく具体的に示しました。つまり本書は、言い方は悪いですが端的に言ってしまえば「老人の取扱説明書」となるのです。理想論でなく、現実的で手軽にできる方法を紹介しています。

先の赤信号の例でいえば、解決策としては、高齢者本人は「シルバーカーを使って、歩行スピードを速める」「瞼が下がらないように、目の簡単な運動をする」。周囲がしたい解決策としては「『横断歩道の白線と何もない部分の1セット』＝『1m』を1秒以内に歩けるかをチェックする」などが挙げられます。

ここで紹介するものは、現役の医師であり医学博士でもある私が、10万人以上の高齢者と接し、国内外の医学文献から導き出した、誰でも実践しやすい方法ばかりです。これまで高齢者の本といえば認知症、高齢者の心理にとどまることがほとんどでしたが、体の細部にここまで踏み込めたのは本シリーズがはじめてです。

この本は、主に次の3タイプの方々に向けて書かれています。

1人目は、高齢の家族を持つ方。

2人目は、将来高齢になる不安を抱えている方や、すでに高齢の方。本書を読めば、周囲に迷惑がかからない行動がとれ、自分に自信がなくなることが軽減されるはずです。

3人目は、高齢者とかかわる職業の方。医療や介護の業界が代表でしょうが、それだけではありません。営業職や接客業、商品開発の人も含め、社会人のほとんどの方が該当します。

以上の皆さまに、本書が少しでもお役に立てれば、著者としてこれに勝る幸せはございません。

平松 類

CONTENTS 目次

第4章 見ていて怖い、心配…

第1章

老人の困った行動3大定番

その1 都合の悪いことは聞こえないふりをする。

その2 突然、「うるさい！」と怒鳴る。でも、本人たちは大声で話す。

その3 同じ話を何度もする。過去を美化して話すことも多い。

老人のよくある困った行動 その1

都合の悪いことは聞こえないふりをする。

姑が嫁の話だけ聞かないのは、嫁の声に秘密が隠されていた

高齢者は相手の話を無視することがあります。でもこれは、「無視している」「ボーッとしている」「嫌われている」とかではなく、「本当に聞こえていない」のです。70代で半分近く、80代以上では70％以上が難聴であることがわかっています。ですから70代以上の人と話すと、ほとんどが「聞いていない」より「聞こえていない」のです。

ただし難聴といっても、**全部の音ではなく一部が聞こえにくくなります。高い音、特に若い女性の声が聞こえにくい**のです。

60歳以上になると、低い音（500Hz）と比べて高い音（2000Hz）だと、1・5倍以上の音量がないと聞こえません。つまり若い女性の声は、男性の1・5倍大きくないと聞こえないのです。

そこで、周囲の人ができる話し方としてコツは3つあります。それは、**「低い声で」「ゆっくり」「正面から」話す**、です。低い声がいいのは、先ほど申し上げた通りです。ゆっくりですが、**「相手と同じスピードで話す」**と意識するだけでもうまくできることが多いです。さらに「お薬」「飲みました?」と区切って単語ごとに伝えると、高齢者は聞き取りやすくなります。

正面から話すというのも重要です。難聴の人ほど口の動きから何を話しているのかを把握しようとするからです。**マスクは風邪でもない限りは外しましょう。**

図1-1 年齢ごとの聴力低下の度合い

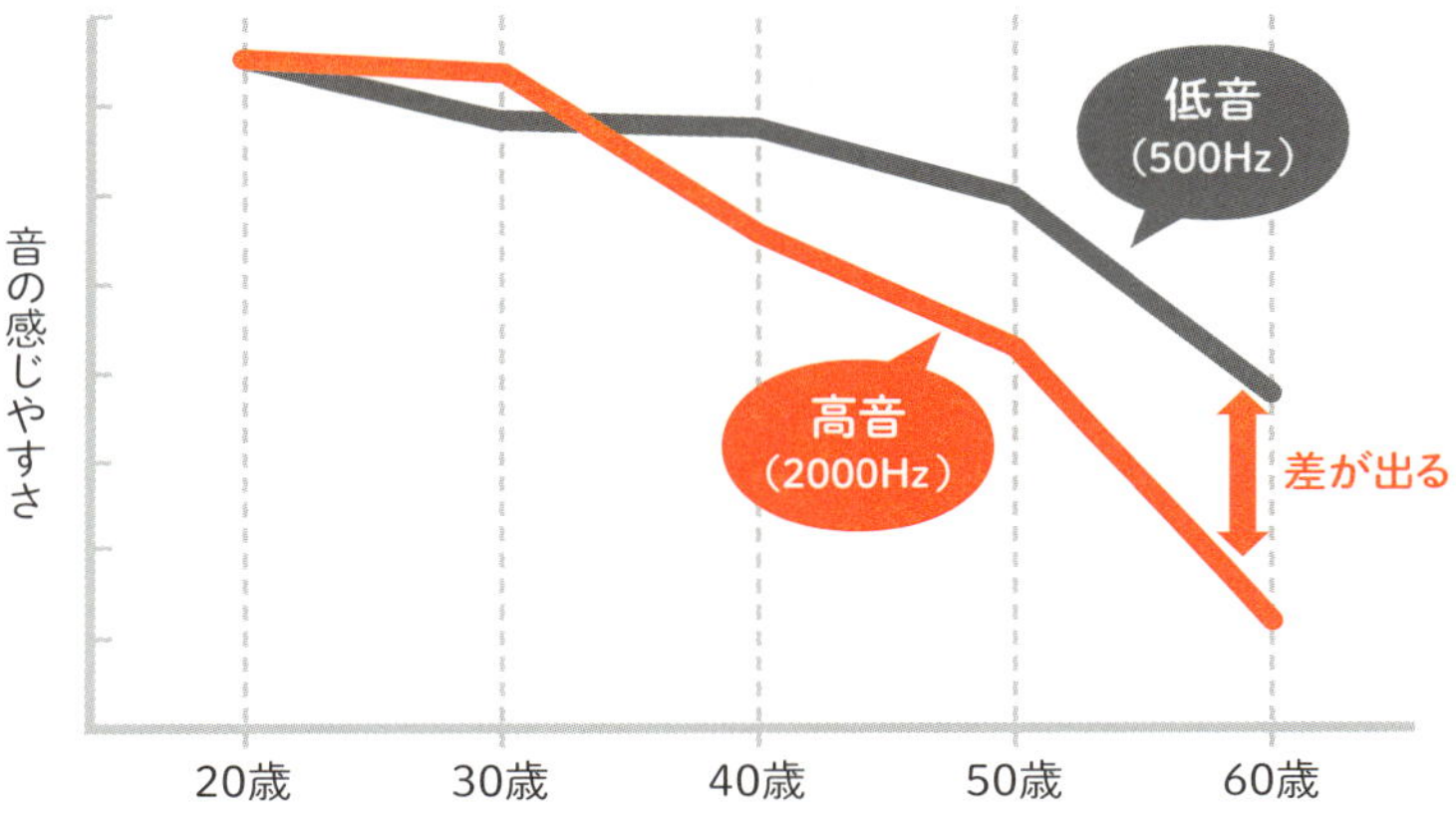

図1-2 高齢者に伝わりやすい話し方と伝わりにくい話し方

「低めの声で、ゆっくり、正面を見て話す」と高齢者に通じやすいが、
「高い声で、速く、正面を見ないで話す」と伝わりにくくなる

- 高齢者は全部の音ではなく、女性の声など高音域が聞こえにくくなる
- 「低い声で」「ゆっくり」「正面から」話しかけるとよい
- 相手と同じスピードで話す

真っすぐ話しかけても聞き取りにくい高齢者には、**聞き取りやすそうなほうの耳、補聴器が入っている耳に直接話しかけると伝わりやすい**です。

テレビでいうと、**19時・20時のニュース番組でのアナウンサーの話し方は、非常に参考になります**。言葉遣いもそうですし、話すスピードも他の時間の番組よりゆっくりになるように注意しているようです。**ラジオ番組も、話し方の参考に大いになります**。ラジオになると声だけが頼りで、身振り手振りも伝えられないので、誰でも聞き取りやすい話し方が非常に試されるからでしょう。

難聴を改善する！ 1日5分の超簡単トレーニング

では、難聴にならないようにするには、どうしたらいいのでしょうか。**ヘッドホンもイヤホンも、耳をかなり傷めることがあるので避けたほうが無難**です。ヘッドホンを使って大音量でテレビを観ている高齢者もいますが、さらに難聴を進める行為になってしまっているので、かなり危険です。

ただ、周囲への配慮を考えてどうしても使いたい場合は、音量を下げましょう。WHO（世界保健機構）は「最大音量の60％以内で1時間以内」と推奨しているので、これが1つの目安となります。とはいえ、メーカーや製品によって最大音量はバラバラですから、**「普段よりもなるべく小さな音で」と意識するだけでも大事**です。**雑音を消してくれる機能を搭載した製品もある**ので、こういったものもオススメです。

工事現場など騒音が大きい場所での仕事が多い人は、**耳栓を持参**しましょう。でないと、年を取ってから難聴になりやすいのです。

ストレス、糖尿病、高血圧といった生活習慣による症状も、耳を悪くする原因となります。

耳をよくするには、聞くトレーニングがあります。8週間で聞きやすさが2倍程度になるというものです。簡易的なトレーニングとしては、**テレビやCDの音を小さくして、小さい音でも聞こえるようにするといったものです。1日1回、5分ほどを毎日続けるだけの、超お手軽なトレーニング**ですよ。

残念ながら**難聴になってしまった場合は、聞き取りやすいほうの耳に手を当てると、さらに聞こえやすくなる**ので覚えておきましょう。

図1-3 真っすぐ話しかけても聞き取りにくい高齢者には

補聴器
19時・20時の
テレビのニュースや、
ラジオ番組での
話し方を
イメージしつつ

図1-4 難聴の予防・改善策

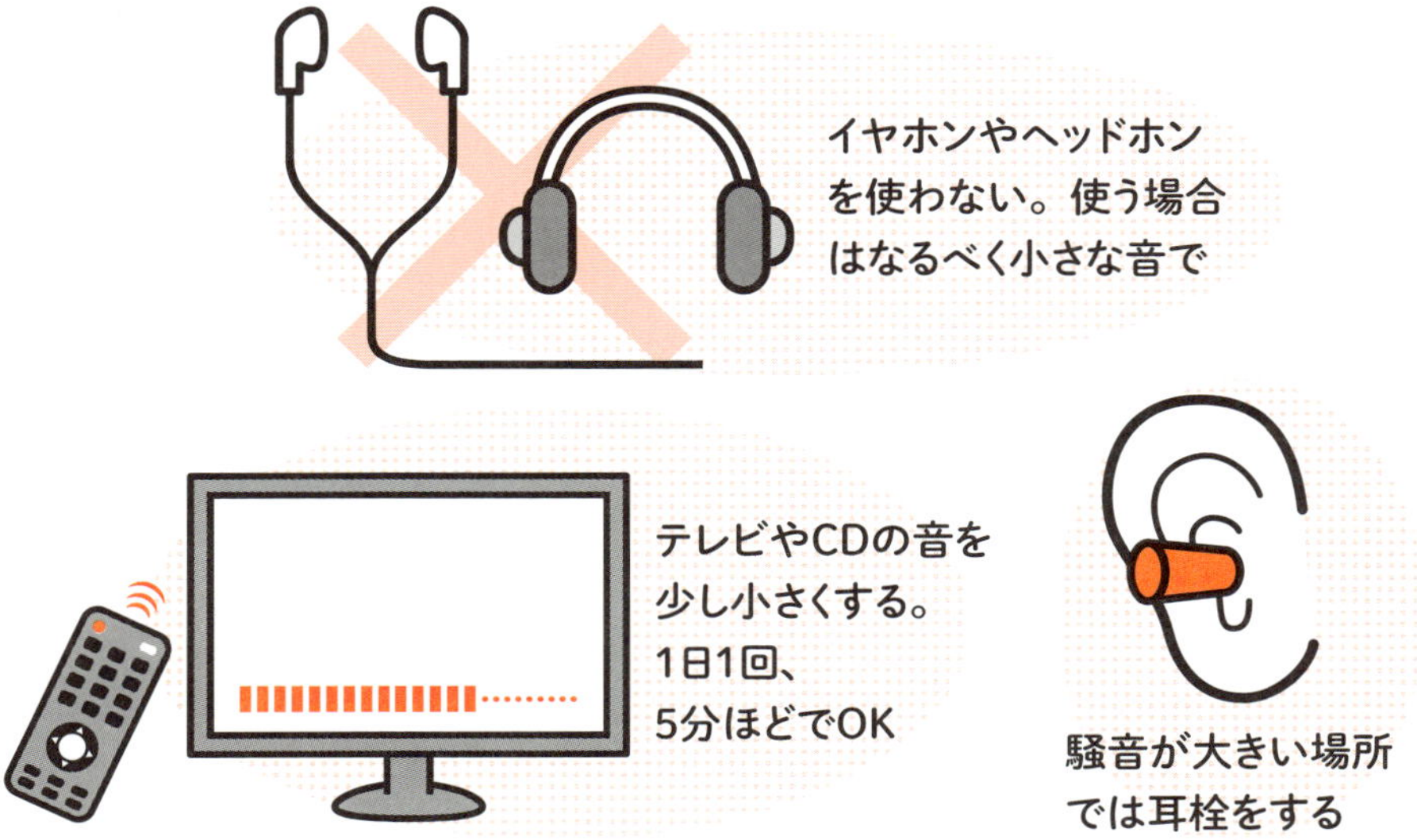
イヤホンやヘッドホン
を使わない。使う場合
はなるべく小さな音で
テレビやCDの音を
少し小さくする。
1日1回、
5分ほどでOK
騒音が大きい場所
では耳栓をする

POINT

- ■ヘッドホンやイヤホンはなるべく使わない
- ■テレビやラジオやCDプレーヤーはボリュームをいつもより下げる。1日1回、5分ずつ、どんどん音を下げていけば、聴力がアップする
- ■難聴になったら、聞き取りやすいほうの耳に手を当てると聞こえやすくなる

老人のよくある困った行動 その2

突然、「うるさい!」と怒鳴る。でも、本人たちは大声で話す。

年を取ると短気になるのではなく、声が大きくなるだけである

高齢者は音を不快に感じやすくなります。前項でもお伝えした通り高い音は聞こえにくいのですが、**リクルートメント現象といって、一定の音量を超えたとたんに急にうるさく感じてしまうのです**。70歳以上では、うるさく感じる人が7割も増えることがわかっています。つまり、**高い音は小さいと聞こえず、大きいと突然耳鳴りのように痛いほどの音になる**、ということです。

ですから、小さな子どもがはしゃぐ声や犬の鳴き声などは、高齢者は非常に不快に感じてしまいます。かわいい孫であっても小さな子に「うるさい!」と突然怒鳴りつけたり、保育園が新しく建つのに反対したりするのは、こういった理由が大きく関係しています。この傾向は、難聴になるほど強くなります。

周囲ができることとしては、**子どもをあまり長時間騒がせないようにする**、などです。また、ちょっとした高音域だと、かなり不快に感じることを知っておくだけでも大事です。それから、「年を取るとキレやすくなるから」と決めつけないようにもしましょう。

手間と費用はかかりますが、**防音工事をすれば大きな効果が期待できます**。防音壁の厚みを2倍にすると、音の発生源からの距離を2倍にしたのと同じ効果があります。工事までしなくても、**窓を閉めたり布を壁にかけるなどでも、ある程度の防音効果がある**ので試してみてはいかがでしょうか。

図2-1 音が急にうるさく感じる「リクルートメント現象」

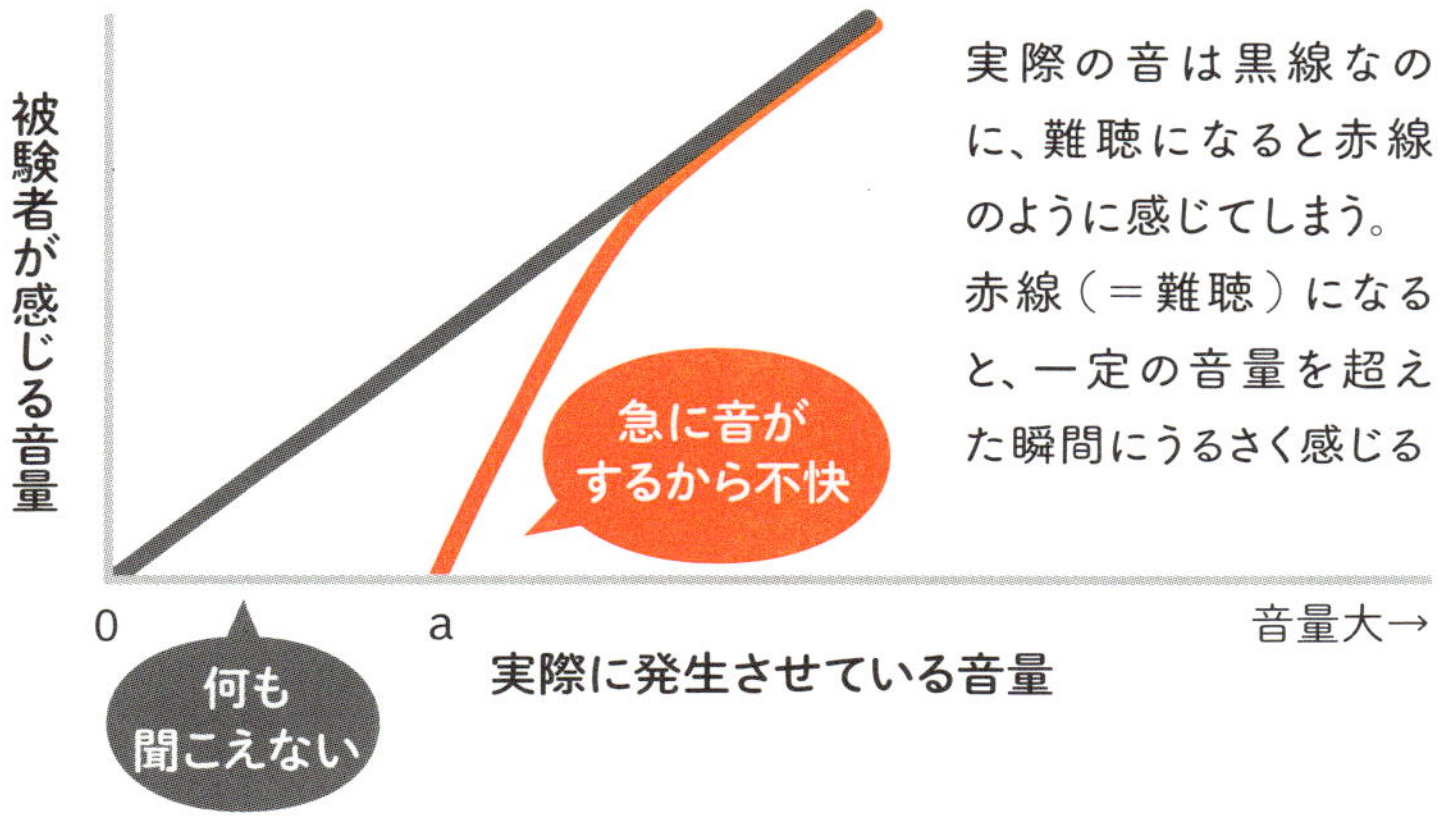

実際の音は黒線なのに、難聴になると赤線のように感じてしまう。赤線（＝難聴）になると、一定の音量を超えた瞬間にうるさく感じる

図2-2 高齢者を音で不快にさせない方法

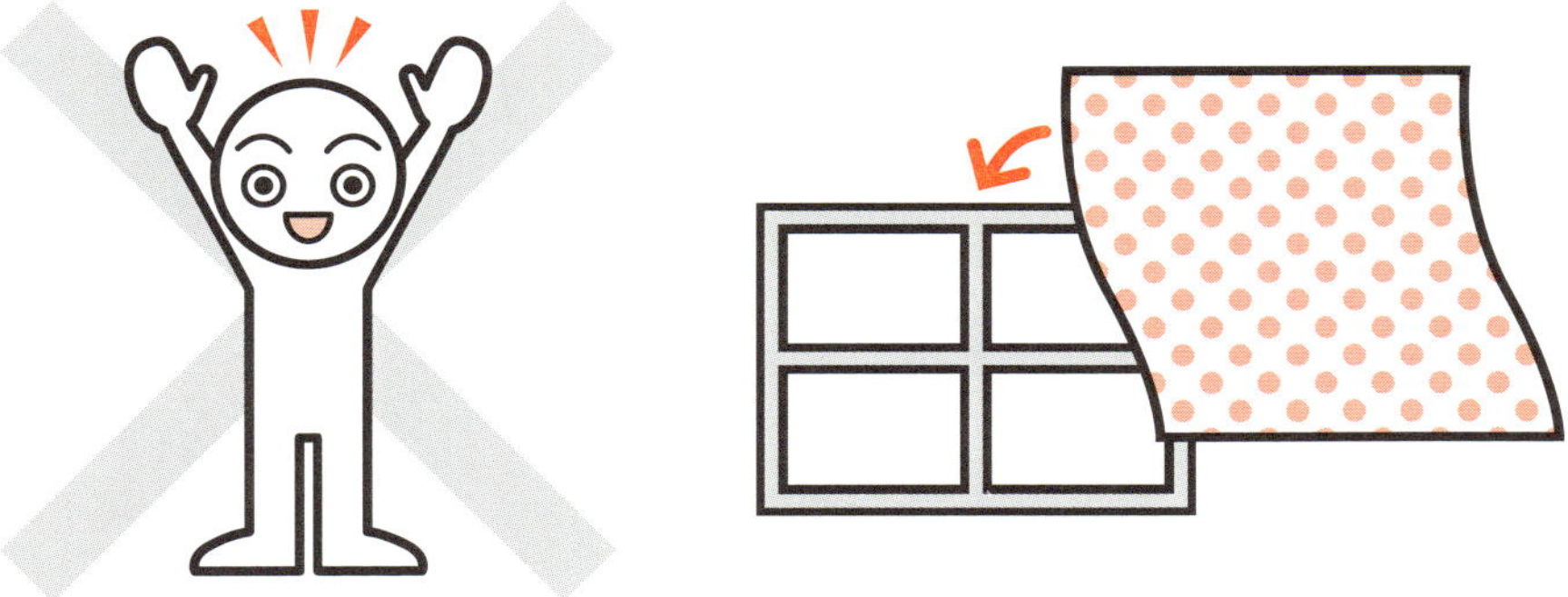

子どもを長時間騒がせないようにする

防音工事、もしくは窓や壁に布をかける

- 高い音は聞こえにくいけど、一定音量を超えると非常に不快に感じる
- 子どもをあまり長時間騒がせないようにする
- 防音工事、ないし窓や壁に布をかけると高齢者へ届く不快な音は減る

なお、高齢者たちは「うるさい！」と怒鳴ることがある割には、本人たちは大声で話すのは矛盾しているのでは？と思う人もいるでしょう。なぜ大声になってしまうのかというと、耳が悪いからです。**話しているほうも聞いているほうも聞こえにくいので、声が大きくなってしまいます**。でも本人たちは、普通に会話していると思っているのです。

さらに高齢者は、口調がぶっきらぼうであることも多いので、余計に怒っているかのように周囲には聞こえてしまうという損をしています。

マグネシウムを摂る。補聴器を使いこなす

難聴を予防・改善するには、まずは食事が大事です。**マグネシウムが効果的**であることがわかっています。1日に日本人が摂取するマグネシウムとして推奨されている量は、男性は320mg、女性は270mg。ただ、1つの食材で必要量に達するのは難しいです。マグネシウムは特に海藻や種子類に多く、あおさ5g中には160mg、ひじき5g中には32mg、ココアなら1杯（6g）あたり26.4mg、アーモンド10粒で29mg含まれます。ココアを飲みながらアーモンドをかじるなど、**複数を組み合わせるのが効率のよい摂取方法**です。その他、**耳によい栄養素は、ビタミンCやビタミンE**です。

腹八分目の食事にするのも有効で、耳の加齢変化を抑えることができます。なお、難聴であると認知症になりやすいこともわかっています。

補聴器の購入も検討しましょう。難聴でない人に近いレベルで聞き取れることもあり、認知症の予防にもつながります。補聴器は確かに高額ですが、**耳鼻科の先生に診てもらって一定の基準を満たし（障害6級以上）書類を揃えれば、1割の値段で購入できる**ので、ぜひ覚えておきましょう。

また、買ってもすぐに使えるとは思わないことも大事です。家の中から試し、静かな部屋でじっくりと音を聞くように使うところからはじめます。次に、1対1の会話の場面で使います。そして2～3人の会話でも慣れたら、戸外でも使います。このような**ステップを踏んでいけば、うまく使えるようになります**。

買った所でこまめなメンテナンスも必須で、5、6回は補聴器の補正が必要だと思ってください。

図2-3 耳をよくするマグネシウムの多い料理・食材

※高マグネシウム血症の人は、医師と相談してからにしてください。

あおさの味噌汁

ひじきの煮つけ

ココア

100gあたりのマグネシウムの量	
あおさ（乾燥）	3200mg
あおのり（素干し）	1400mg
わかめ（素干し）	1300mg
ひじき（乾燥）	640mg
とろろこんぶ	520mg
ココア	440mg
ひまわりの種	390mg
アーモンド（乾燥）	290mg
黄大豆（乾燥）	220mg
木綿豆腐	130mg
小豆（乾燥）	120mg
糸引き納豆	100mg
がんもどき	98mg
ほっき貝	75mg

※文部科学省「日本食品標準成分表2015年版（七訂）」、
『栄養素図鑑と食べ方テク』（中村丁次監修／朝日新聞出版）より作成

図2-4 補聴器の正しい使い方

静かな部屋で じっくり聞く

1対1の会話の 場面で使う

外で使う

■マグネシウムが多いあおさ、ひじき、ココア、アーモンドなどを摂る
■耳鼻科で障害認定をもらえば、補聴器は1割の値段で買うこともできる
■補聴器は静かな場所から使い、メンテナンスは5回は行えば使いやすくなる

老人のよくある困った行動 その3

同じ話を何度もする。過去を美化して話すことも多い。

記憶力が低下しているのなら、どうして同じ話を何度もできるのか？

年を取ると同じ話を何度もします。なぜでしょう？　記憶力が落ちるから？　でも、記憶力が落ちるのならば、同じ話自体覚えていないはずです。これって不思議ですよね。

実は**高齢者の記憶は、全体が落ちるのではありません。まずは短期的な記憶から抜けます。**「メガネをどこに置いたのか」「スーパーに何を買いに来たのか」といったことです。

一方で**長期的な記憶は落ちるのに時間がかかる上、20歳前後の記憶が特に残りやすい**といわれています。ですから、昨日の夕食のメニューは忘れていても、昔通った学校のことは覚えているのです。さらに、体を使って何度も繰り返したことは、より定着しています。自転車のこぎ方、仕事のやり方、泳ぎ方などです。

それと、昔話を嬉しそうに語ってばかりいるのは、過去の記憶は嫌なことを忘れて、いいことが残りやすいという性質によります。先生や親に怒られたはずですが、遠足や運動会など楽しいことばかり鮮明に覚えています。こうなってしまうのは、人間は限られた生きる時間を少しでも満足させるために、無意識に肯定的に記憶をしているからだといわれています。

ただし**最近起こったことは、不思議なことに嫌なことのほうが思い出されやすくなっています。結果として「今は悪い」「昔はよかった」と記憶が置き換えられるのです。**

図3-1 高齢者の記憶

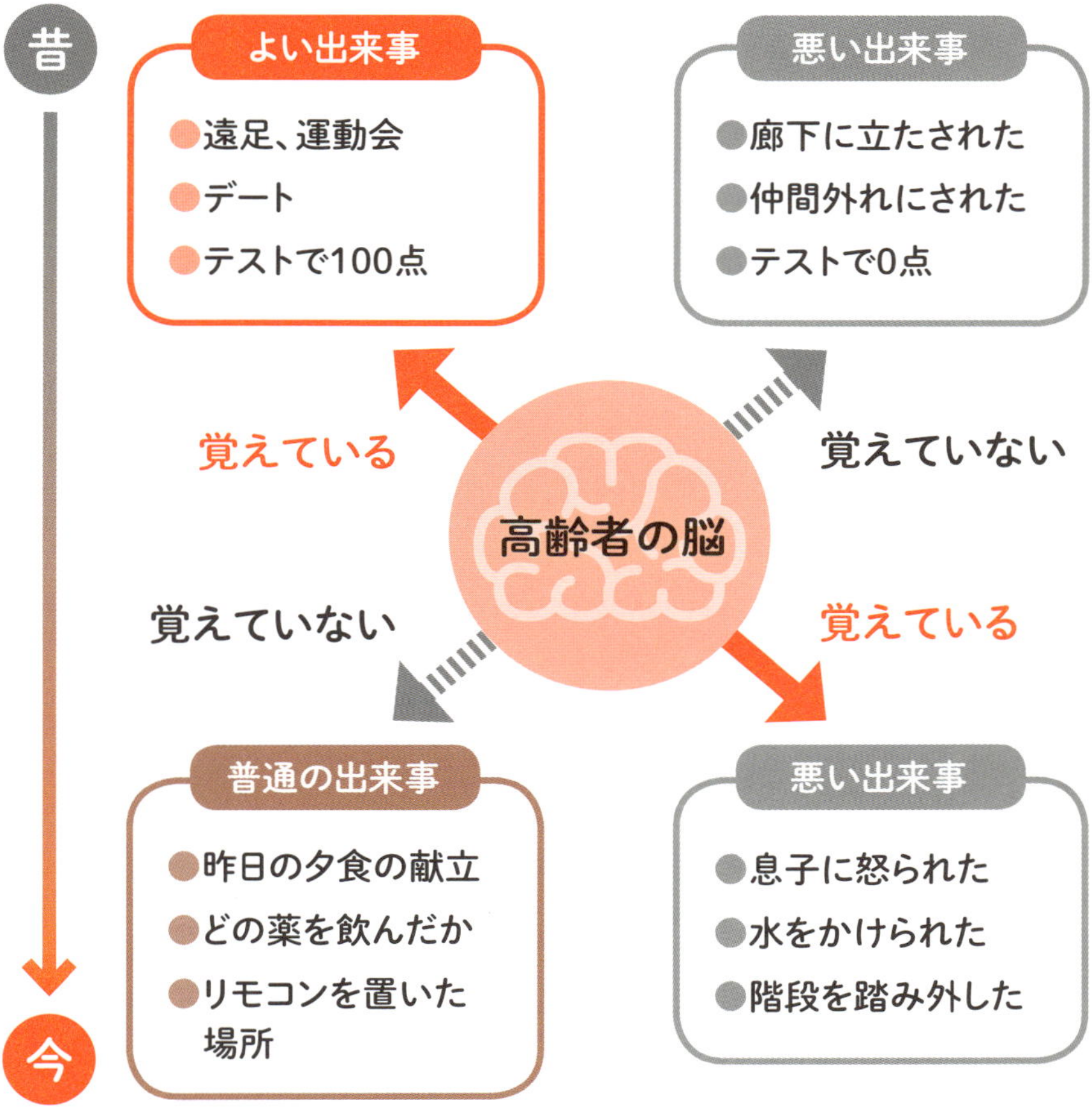

■記憶は全部落ちるわけではない。短期の記憶から落ちる
■長期的な記憶は落ちるのに時間がかかる。
何度も体験を伴った記憶は、もっと落ちにくい
■過去の記憶は嫌なことは忘れて、いいことが残りやすい。
一方で最近の記憶は、嫌なことのほうが残りやすい

しかも、何度も話す内容は長期記憶によるものだからしっかりと覚えているため、昔のよかったことばかり何度も話してしまうわけです。以上が過去を美化してしまうメカニズムとなります。

ただし**超短期の記憶は保たれます**。例えば、「焼きまんじゅう」と言われたらすぐに「焼きまんじゅう」と復唱できる、といったことです。

周囲が怒ったところで、同じ話をしすぎたからだと思わない

忘れにくい記憶の方式というのがあります。「繰り返しの記憶」「体を動かした記憶」で、これらを有効に使いましょう。

同じ話をする高齢者でも、1日に何度もというのは稀で、たいていは次の日、さらに次の日に同じ話をします。それは、翌日になると忘れるからです。そこで周囲は、「繰り返しの記憶」を使います。**1日に何度も同じ話をしてもらうのです。すると高齢者は、その話をしたという記憶が定着しやすくなります。**

高齢者に「体を動かした記憶」をしてもらうためには、「戦争の話をする時は必ずドクダミ茶を飲んでもらう」などルールを決めることです。**ドクダミ茶を飲むという体験が重なって、戦争の話をしたという記憶が強く残ります**。また、**庭いじりなど体験と重ねて繰り返し思い出すのも有効**です。これらを応用すれば、高齢者自身がどうしても覚えておきたいことがあった場合は、庭いじりなど体験をしながら何度も思い出すといいとなります。

さらに、**短時間の昼寝も効果的**だといわれているので、時間帯が合えば覚えた後に30分以内の短い昼寝をすれば、記憶がより定着します。庭仕事やウォーキングをした後なら、少し疲れが出るので昼寝もしやすいかもしれません。

中には、「青春時代を思い出して気持ちいいから確信犯的についつい何度も話しちゃう」という高齢者もいます。でも、周囲が「同じ話を何度もしないで！」と否定すると、高齢者には**「同じ話を何度もしたから怒られた」ではなく「理由はよくわからないけど、怒られた」とインプットされてしまうのです**。感情は、心に強く刻まれやすいからです。

ですから**周囲は、席を離れて気分を落ち着かす、5回くらいは我慢して聞くなど決めておくとよいです。**

図3-2 同じ話を何度もされた時の対処法

「同じ話ばかりしないで！」なんて叱ったら最後。あと3回の辛抱。我慢、我慢…

1日に同じ話を何度もしてもらう

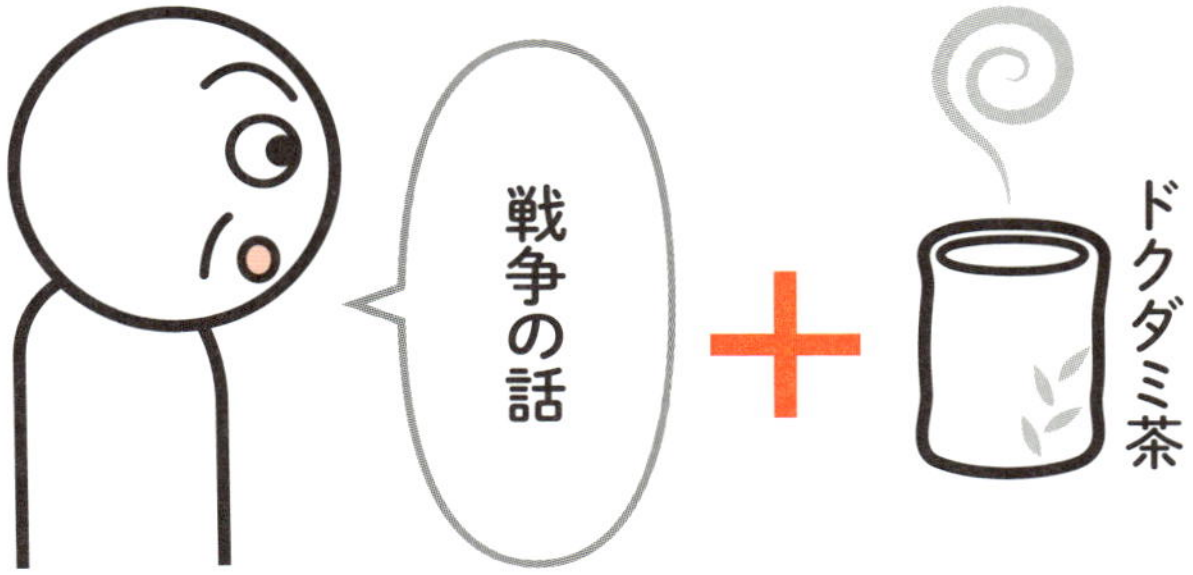
戦争の話
ドクダミ茶

「戦争の話をする時はドクダミ茶を飲ませる」など、
ルールを決めておく

POINT

■1日に同じ話を何度もしてもらうと、話したことの記憶が残りやすくなる
■お茶を飲みながらなど、何かをしてもらいながら話してもらう
■周囲が怒ると、「同じ話を何度もしたから」ではなく「理由はよくわからないけど怒られた」と認識される

COLUMN 1

年を取ると五感はどう変わるのか？ 実例編

今あなたが見ている世界・聞こえている音・ニオイ・触っている感覚・味は、年を取るとどう変わるのでしょうか？　朝食の風景を思い出してください。

朝起きてパンを焼きます。トースターで焼いて「チン」と音が鳴ります。パンを取ろうと手を出すと、金属部に触れてしまい「熱っ」と手を引っ込めました。パンからは、焼きたての香ばしい香りが漂います。バターの賞味期限を確認して塗ると、バターが溶けたニオイも合わさり食欲をそそります。かぶりつくと、口の中に美味しさが広がりました。

さて、高齢になるとこうなります。朝起きようと思ったら、早く

起きてしまいまだ4時で外は真っ暗。しばらく待ってパンを焼きます。まだ焼けないのかな？と思っていると、とっくに焼けていたようです。「チン」と音が鳴るはずですが、聞こえなかったから気づきません。パンをトースターから取り出して手を見ると、やけどをしていました。でも、見るまで全然気づきませんでした。パンからは、特にニオイは感じません。バターの賞味期限を確認しようとしますが、字が小さくてよく見えないから、まあいいだろうと塗りました。そしてかぶりつくも、ほとんど味がせずただ口に流し込んでいるような感覚でした。

実は五感、いわゆる「視覚」「聴覚」「嗅覚《きゅうかく》」「味覚」「触覚」はすべて、年齢を重ねるごとに衰えます。しかし、均一には衰えません。では、それぞれは加齢でどのように変化しているのか？　P40の「コラム②」にて、1つ1つ見ていきましょう。

第2章

いじわる

その4　「私なんて、いても邪魔でしょ？」など、ネガティブな発言ばかりする。

その5　せっかく作ってあげた料理に醤油やソースをドボドボとかける。

その6　無口で不愛想。こちらが真剣に話を聞こうとすると、かえって口を閉ざす。

その7　「あれ」「これ」「それ」が異様に多くて、説明がわかりにくい。

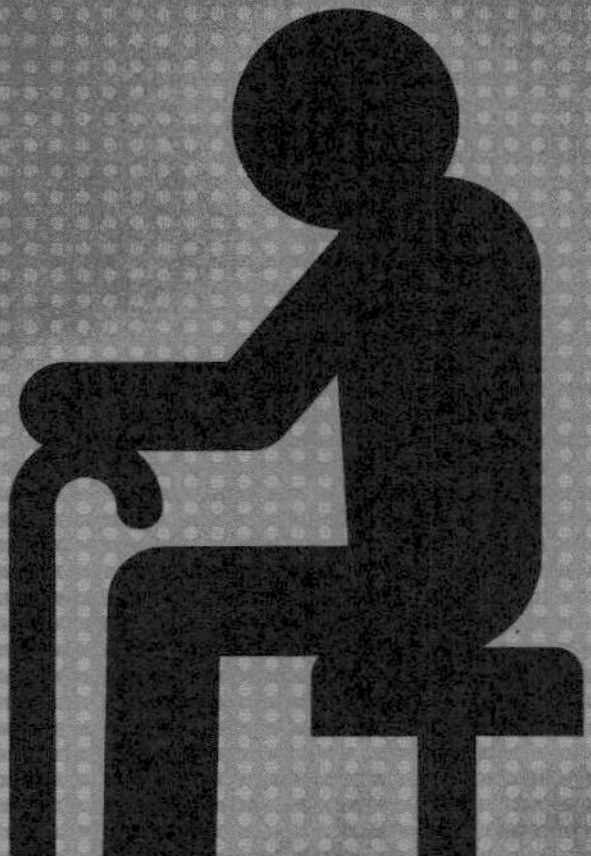

第2章

老人のよくある困った行動

その4

「私なんて、いても邪魔でしょ？」など、ネガティブな発言ばかりする。

話をとにかく聞くのも封じ込めるのも大間違い

「アタシなんて早く死ねばいいと思っているんだろ」「隣はいつもうるさくて嫌だ」「お前の育て方を間違えた」などネガティブ発言をする高齢者がいます。

周囲は肯定したほうがいいとよくいわれますが、「死んだほうがいいよね」と言われて「そうだね」と肯定するのは間違いですし、そんなこと言えません。

「黙って、一生懸命聞いてあげましょう」というのもよく聞きますが、ずっと愚痴のような話ばかり聞かされるのは正直しんどいです。しかも、高齢者はがっかりした顔をして**「お前は話を聞いてくれない」と言われてしまうことも**あります。非難されないとしても、**聞いているだけだとネガティブ発言は増える一方**で、物事は何もいい方向には向かいません。

かといって、**ネガティブ発言を封じ込めるのも逆効果**です。高齢者に限らず人は、「やめろ」と言われるとなおさらやりたくなるものだからです。

高齢になると人の役に立っている実感が得にくくなります。特にこれまで主婦として家庭を支えてきた、仕事で家計を支えてきたという自負がある人ほど、今の状況に満足できません。

また家族が気を遣ってくれていることや、自分が下手に家事に参加するほうが足手まといになることがわかっているので、**自分が否定されていると感じてネガティブなことを言ってしまう**のです。

図4-1 ネガティブ発言が多くなってしまうのはなぜ?

図4-2 ネガティブ発言の高齢者に、これをしたらダメ

POINT

- ネガティブ発言には「そうだね」など肯定してはいけない
- ネガティブ発言を封じ込めるのは無理
- 周囲に役立っている実感がないことが、ネガティブ発言の原因に

お遊戯《ゆうぎ》をやらせる必要はなし。1人残された高齢者にこそ連絡を

周囲は高齢者、それも特に自分の親に対して、生きていさえすれば嬉しいという思いがあるかもしれません。目が見えなくても、耳が聞こえなくても、仕事や家事なんてしなくても、元気でいさえすれば…。そういう気持ちもわかります。

それで「無理をさせない」「安全第一」ということで**高齢者の行動を制限**してしまうことが多々あります。でもこんなことをすると、高齢者は「やりたいんだ!」と言うのもだんだん遠慮するようになり、毎日がつまらなくなります。しかも、目や耳などへの刺激が減って**認知症進行の原因にもなるのです**。

そこで**周囲は、体への負担が軽く周囲に迷惑がかからないことで充実してもらうことが大事**です。庭仕事をする、掃除、洗濯物をたたむ、食器洗いをするといった、**危険性が少ない仕事をお願いする**のがいいでしょう。

危険性が少なければ、趣味を存分にさせて干渉しないことも大事です。釣り、刺繍《ししゅう》、詩や俳句の創作、ボウリング、ガーデニング、工作、散歩、ちょっとした会話…、探せばいくらでも出てきます。老人ホームでのお遊戯でないといけない理由なんて、どこにもありません。

してもらうことが特に思いつかなければ、**植物の水やりがオススメ**です。決まった時間に行うことから生活にリズムがついてメリハリが生まれますし、体を無理なく動かせますし、自分が何かの役に立っていることが実感できるからです。植物は育ちますし、家族からは感謝の言葉をかけられて前向きになれます。

周囲が特に警戒すべきなのは、伴侶《はんりょ》の死別後1年間です。四十九日が終わった後から半年の間が、残された高齢者は気が抜けやすく連絡も途絶えやすいので、しっかりと見守り、**どんなに忙しくてもこまめに連絡を取りましょう**。残された高齢者は、自殺の確率が上がることがわかっています。死後半年以内では死亡率は40%上昇します。特に男性は、鬱《うつ》になったり、アルコール中毒になったりすることがあります。

しかも、高齢者の鬱は、周囲がなかなか気づかないこともあります。焦燥《しょうそう》といって、一見すると元気に見えてしまう鬱になることもあるからです。焦燥になるとイライラしてそわそわしつつ歩き回ることもあります。

図4-3 高齢者のネガティブ発言を減らすオススメの仕事

図4-4 伴侶の死後に、残された高齢者が自殺するリスク

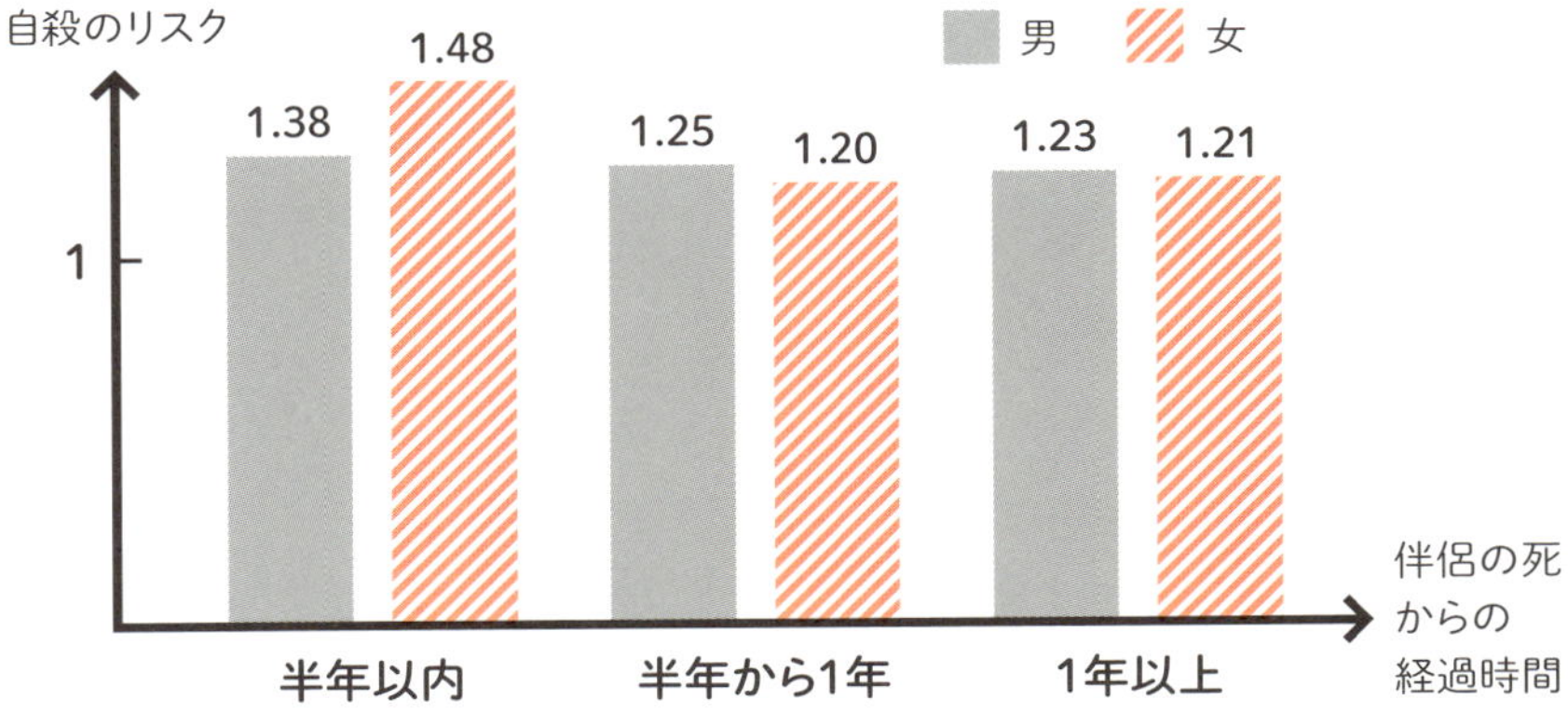

POINT

- 体への負担が軽く、危険度の低い仕事をお願いする
- 植物の水やりをお願いするのがオススメ
- 1人残された高齢者こそ、最低1年間はこまめに連絡する

老人のよくある困った行動 その5

せっかく作ってあげた料理に醤油やソースをドボドボとかける。

塩分は若い頃の12倍使わないと、同じ味に感じない

高齢になると味を感じにくくなります。同じ料理を食べても、味気ないと感じてしまうのです。55歳を超えると、若い人の3倍以上味覚障害が出てきます。

年齢を重ねると、舌にある味覚のセンサーとなる味蕾《みらい》という細胞の新陳代謝が衰えるからです。古くなった味蕾は味を感じにくいのです。

ただ、味によってバラつきがあります。**若い頃と比べると、甘味は約2・7倍、酸味は4・3倍、うまみは5倍、苦味は7倍ないと同じに感じないのです。塩味にいたっては、11・6倍も！** だから塩分控えめにしても醤油をかけ、周囲が減塩醤油を買ってきても、高齢者はこれまで使ってきた醤油を使おうとします。

味覚が低下すると、どんどん味付けが濃くなったり、塩分の多い料理を食べてしまうため、高血圧や糖尿病にかかりやすくなるので、見過ごすことはできません。

高齢になると、薬を飲むことも増えてきますが、**薬が味覚を落とす原因にもなる**という負のスパイラルにも陥ります。特殊な薬ではなく、高血圧の薬、糖尿病の薬、睡眠薬など一般的な薬でも、味覚がおかしくなることがあります。薬は主治医とよく相談しましょう。

特に摂取過多になってしまう塩味については、うまみが塩味よりも2倍感じやすいので、**ダシを強めにとるのが解決策の1つ**です。グルタミン酸を含むうまみ成分を上手に使いましょう。

図5-1 若い頃を1とした場合、高齢者は何倍の味が必要か

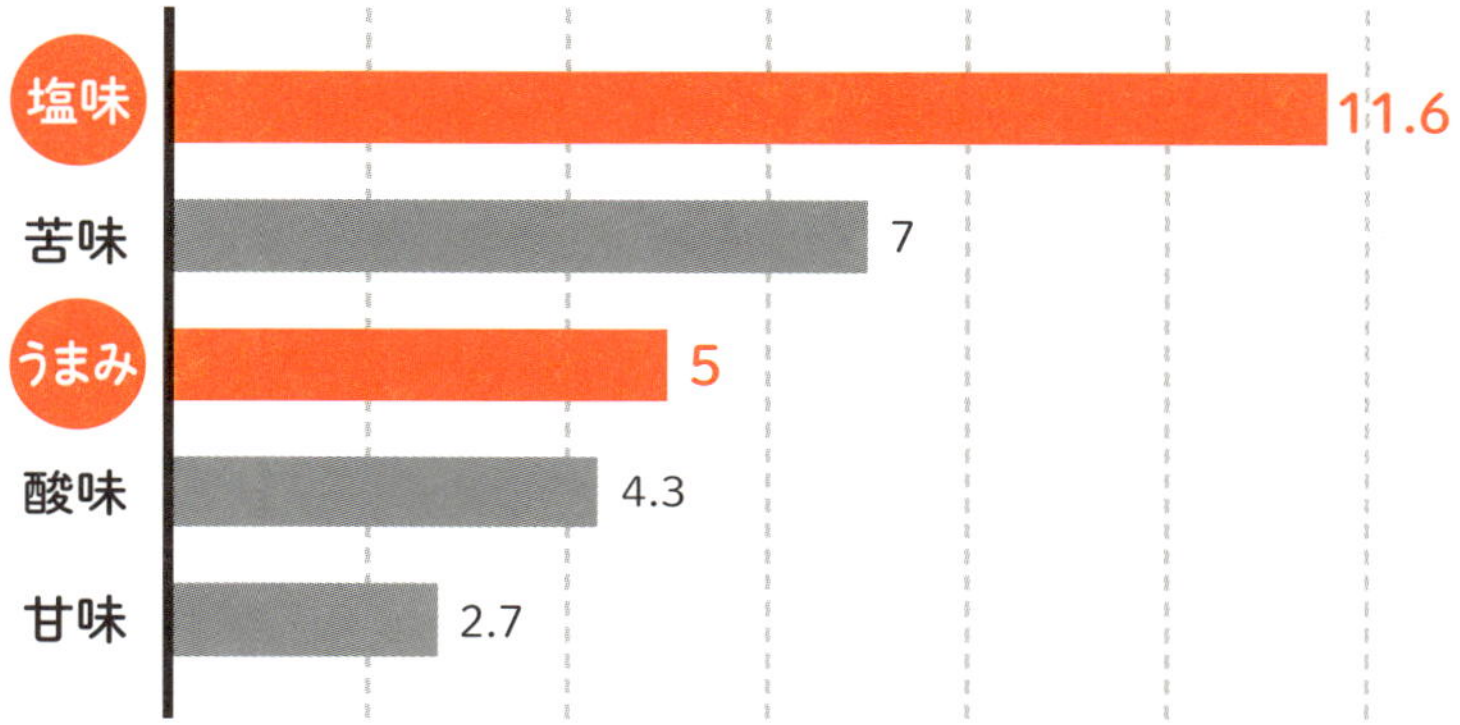

ダシ（うまみ）を強めにとることで塩分は減らせる！

図5-2 「味覚」と「健康」をどんどんむしばむ負のスパイラル！

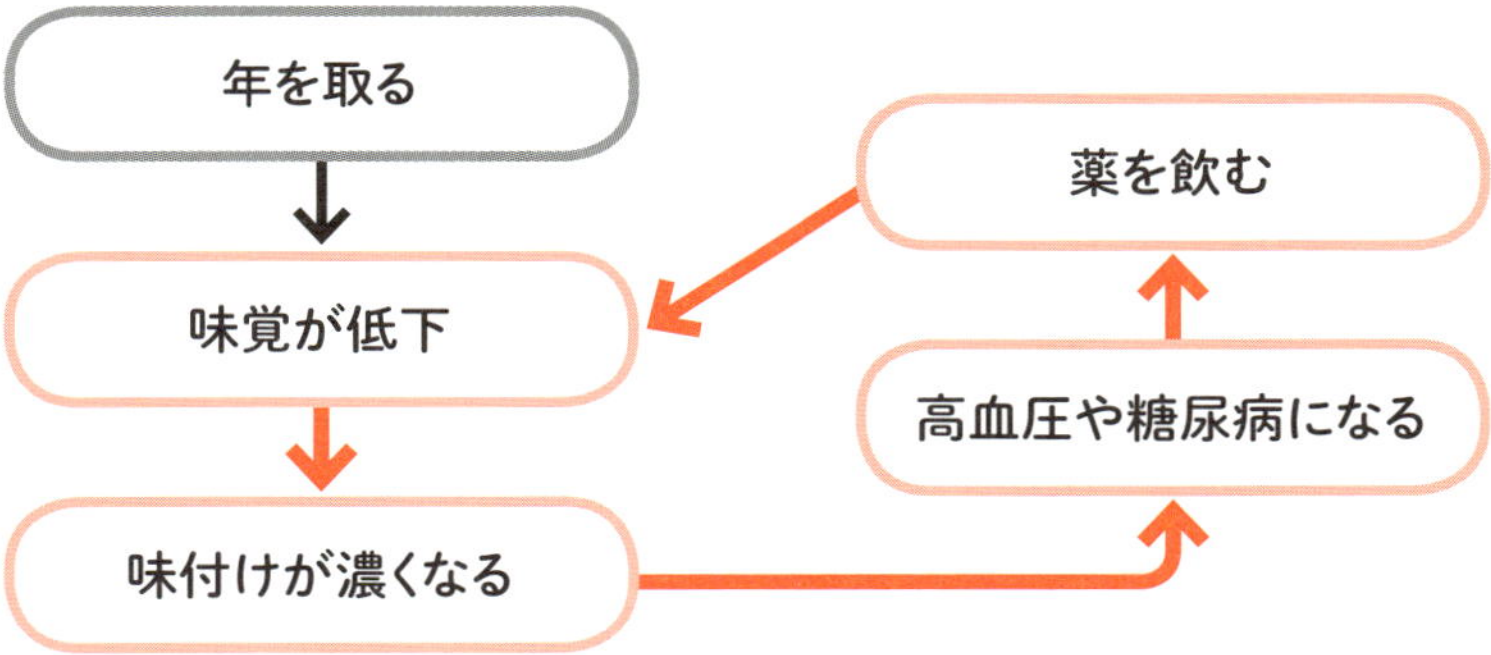

- 年を取ると味覚が落ちる。甘味は2.7倍、酸味は4.3倍、塩味は約11.6倍も必要となる
- 高血圧や糖尿病の薬など、薬が味覚を低下させることがある
- ダシを強めにとれば、塩分を減らすことができる

全部を薄味にするのが難しい場合は、一部の料理だけ薄味にします。すると、それぞれの料理の味にアクセントがつきます。同じ塩分でも、通常よりも塩気が多いように感じるのです。

味というのは味覚だけでなく、嗅覚や視覚も大きく影響を及ぼします。嗅覚については、松茸《まつたけ》料理、コーヒーなどは香りが重要な位置を占めることは容易に想像できますが、他の料理だって同じです。

視覚を味方につけるのであれば、照明もうまく活用しましょう。食事では**オレンジ色に見える電球色の下でのほうが美味しそうに見えます**。さらに見栄えをよくするには、**食器を使います**。白い米を黒い茶碗に入れ、肉など強い色の料理は白い皿にのせると、存在感がしっかり出せて美味しそうに見えます。

牛肉や卵を食べて亜鉛を摂取すれば、味覚が鍛えられる

本人ができることもあります。より美味しさを味わうためには、**唾液《だえき》をしっかりと分泌させること**です。唾液が出ると口の中の食事の成分が溶けて、舌に絡みやすくなり味を感じやすくなります。酸味は唾液を出すのに効果的です。

年を取っても味覚の衰えを抑えるには、亜鉛を摂ることです。亜鉛が多いのは、**牡蠣《かき》、カニ、牛肉、レバー、卵、チーズ**など。肉は、豚や鶏よりも牛に多いです。牛もも肉ですと薄切り2枚（100g）で7・5mgの亜鉛が摂取できます。1日に必要な亜鉛は男性で9〜10mg、女性で7〜8mgですから、さらに卵やチーズなど他の亜鉛が多い食材を摂れば必要量に達します。

加工食品は手軽に食べられるのがいいのですが、亜鉛を体外に排出してしまうので、なるべく控えましょう。

毎日の味付けでも味覚を強くすることができます。**味噌少な目の味噌汁やソース少な目の日を設けておく**と、微量の塩分でも感じることができるようになります。

入れ歯も味を左右します。総入れ歯になると、味覚はだいぶ落ちてしまいます。入れ歯は素材も関係するのですが、レジンという素材ですと自然な色は出せるものの味覚が落ちます。金属製に変えると味覚が感じやすくなります。トルティッシュ義歯が特に味を感じやすいのですが、超音波洗浄が必要などメンテナンスに手間がかかることも知っておきましょう。

図5-3 薄味にしつつも、料理が美味しく感じるようになる方法

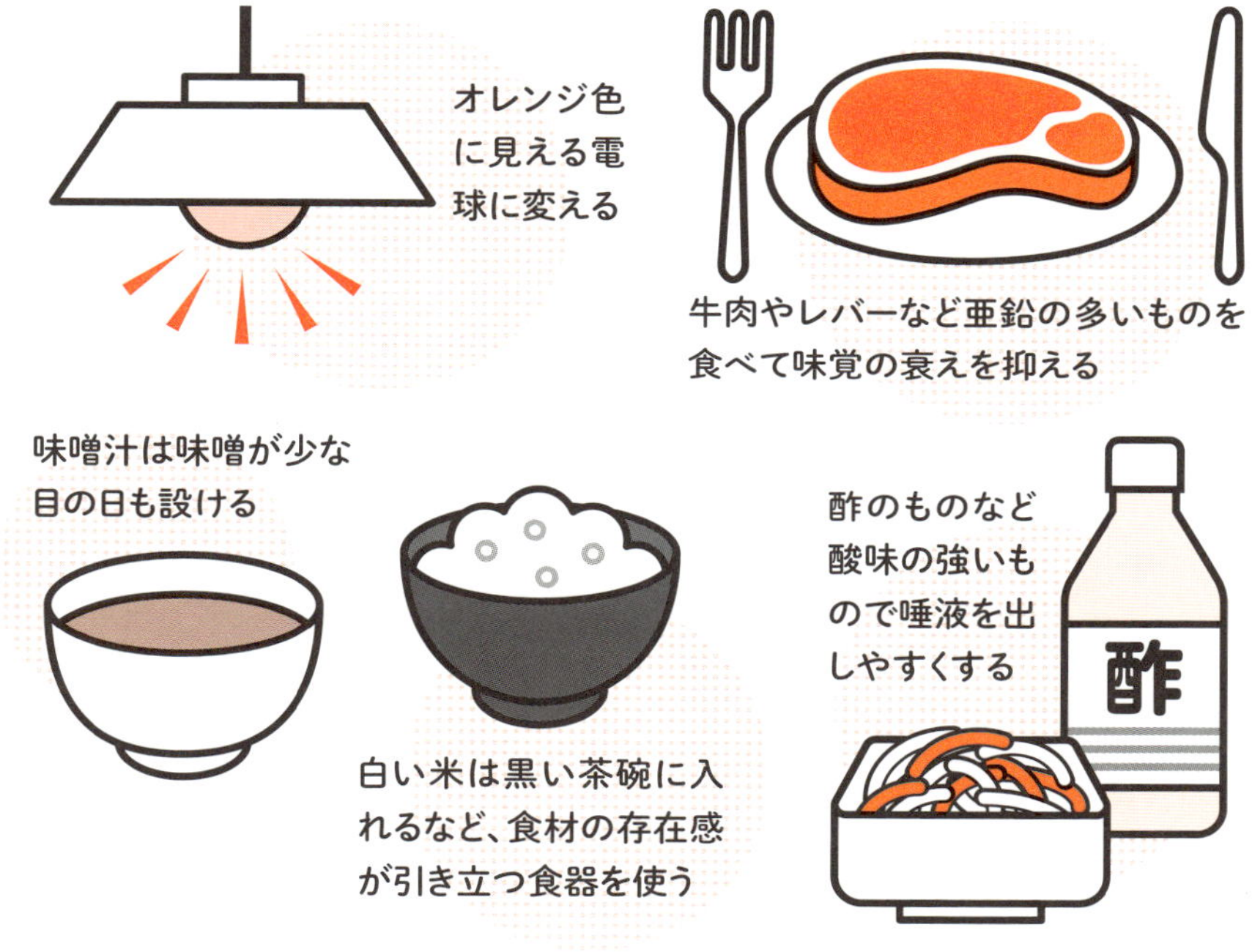
オレンジ色
に見える電
球に変える
牛肉やレバーなど亜鉛の多いものを
食べて味覚の衰えを抑える
味噌汁は味噌が少な
目の日も設ける
白い米は黒い茶碗に入
れるなど、食材の存在感
が引き立つ食器を使う
酢のものなど
酸味の強いも
ので唾液を出
しやすくする
酢

図5-4 亜鉛の多い食材（食材100gあたり）

牡蠣	13.2mg	卵黄	5.1mg
パルメザンチーズ	7.5mg	牛もも肉（赤肉）	5.1mg
豚レバー	6.9mg	そら豆（乾燥）	4.6mg
たらばがに（水煮缶詰）	6.3mg	うなぎ（蒲焼）	2.7mg

※『栄養素図鑑と食べ方テク』（中村丁次監修／朝日新聞出版）より作成

POINT

- ■亜鉛の多い、牡蠣、カニ、牛肉、レバー、卵、チーズを摂る
- ■加工食品を控える
- ■入れ歯を使っている場合は、一度素材などを確認する

無口で不愛想。こちらが真剣に話を聞こうとすると、かえって口を閉ざす。

男性は女性よりも2倍以上声が出にくくなる

年を取ると無口で気難しい感じになる人がいます。ただし原因は、**性格が変わったことではなく、実際に声を出すのが得意でないことや、話していると疲れてしまうこと**だったのです。

しかも、ずっとそんな調子ですと声を出すのが億劫《おっくう》になり、ますます口数が減ってきます。すると「あの人は気難しい」という印象になって、周囲も話しかけなくなり、それに傷ついた高齢者が本当に孤立してしまうという結果になります。

とはいえ、よくしゃべる高齢者とも接し方には要注意です。年を重ねると話すのにエネルギーをかなり使うので、話し好きだと思って長時間話しかけてしまうと、「あの人と会うと疲れるから嫌だ」と思われてしまうことだってあるからです。

なぜ高齢者は声が出にくくなるのでしょうか。1つは声を出す**声帯が衰えるから**。2つ目は、年を取ると体の筋肉が衰えるのと同じように、**声を出すための腹や胸の筋肉も劣化**するからです。

声の衰えは、女性より男性のほうが2倍起きやすいです。特に男性はタバコを吸う人が多いことから、喉《のど》も傷めてしまうのです。また、定年後に話す相手がいなくなることで声を出す習慣がなくなり、声が出にくくなってしまいます。夫婦間に会話がない家庭も多いようですが、**夫は妻とくらいは話すようにしましょう。**

図6-1 声帯の位置と構造

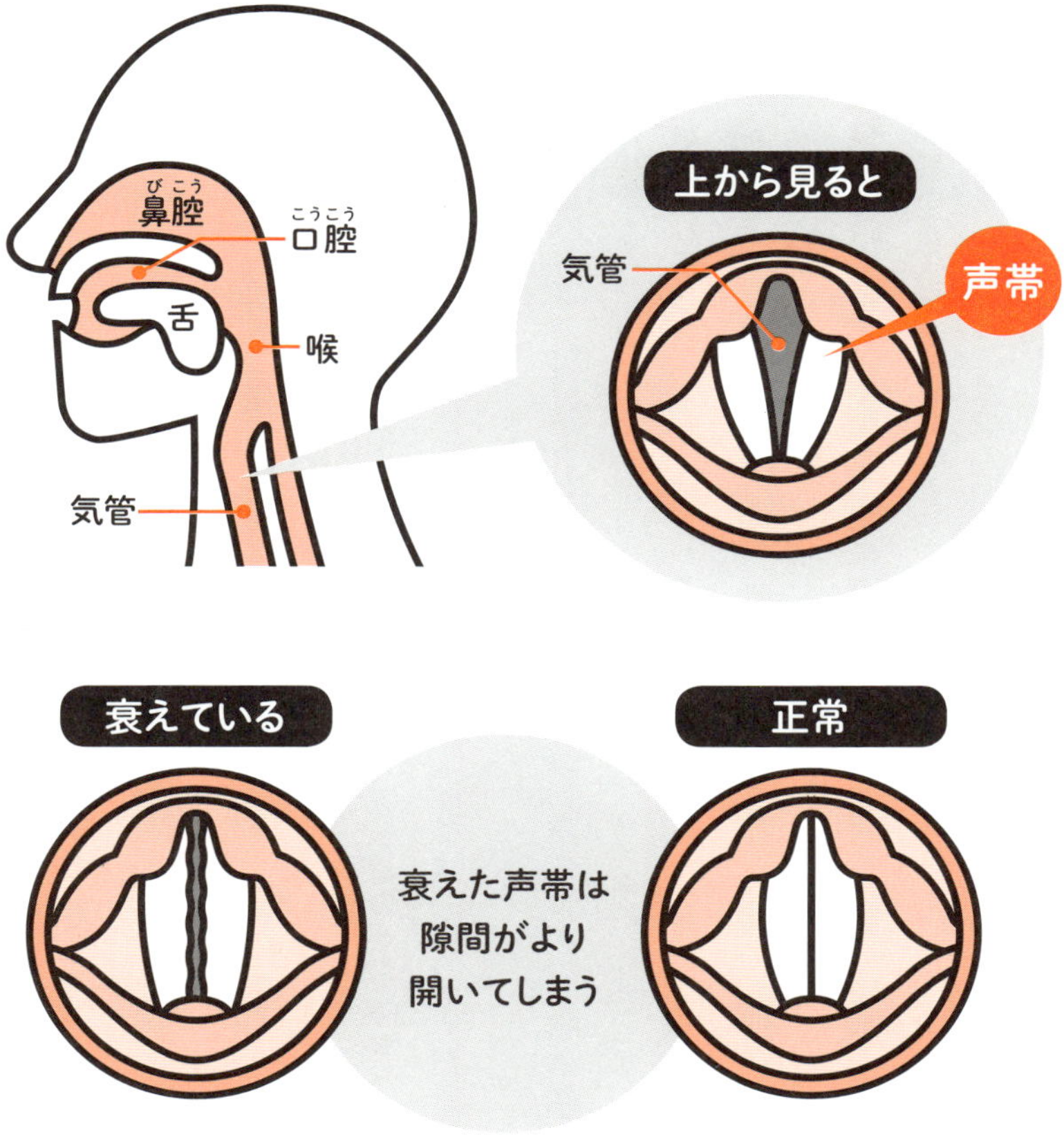

女性よりも声が衰える男性は、
妻とくらいはちゃんと会話する習慣をつける！

■声が小さくなったり無口になるのは、性格が原因ではない
■声帯や、声を出すための胸や腹の筋肉が弱ってしまい、声を出すのが億劫になる
■声の衰えは、女性より男性のほうが2倍起きやすい

一方で声の出しすぎでも問題は起きます。歌手、学校の先生、コールセンターのように声帯を頻繁に使うと、ダメージによって他の人より2倍声が出にくくなってしまうのです。声は出さなくても出しすぎてもよくないということですが、**日常会話程度がちょうどいい**です。時々、人と会って話すのも大事ですね。

声が小さくても無口になっても大して問題ないのでは?と思うかもしれませんが、他の人との会話が減ることで趣味だったカラオケに行かない、引きこもりになるなどもあるので見過ごせません。抑鬱《よくうつ》を引き起こすこともあります。「友だちと交流を深めていたのに、外に出る機会がなくなった」といった高齢者もいます。

周囲は、声が小さかったり無口だったりする高齢者と話すのは面倒かもしれません。でも、話しかけることは大事ですし、話さざるを得ない場面も多いでしょう。

ついついやってしまうのは**何度も聞き返す**こと。これをすると、**高齢者は話す気がなくなってしまいます**。

そこで、**一歩前へ出て聞こうとする**だけで、だいぶ聞こえやすくなります。近づくことは「あなたの話を真剣に聞きたいのですよ」というサインにもなるので、**相手は心を開いてくれます。電話であれば、受信の音量を上げます。**

逆に作業をしながら話を聞くと、「自分の話をちゃんと聞いてくれない…」と思われてしまうので、**話を聞く時は手を止め、相手の顔をしっかり見ましょう。**

1から10までを数えるだけで、声がよく出るようになる

どのくらい声が出ているのかを、高齢の方は一度チェックしてください。最大発声持続時間という方法で、「あー」という発声をどのくらい長く続けられるのかを調べるという簡単な方法です。平均的には20〜30秒程度ですが、男性ですと15秒、女性ですと10秒以下しか続けられない場合は、発声能力が落ちていると考えます。

声をしっかり保つために本人ができることとしては、**毎日1から10まで声に出すという簡単なトレーニング**があります。8割の人が改善を認めており、肺炎まで予防できるという健康への効果も高い方法ですよ。

寝る時に口が渇く場合は、加湿器などで部屋の湿度を上げましょう。いびきをかいているのなら横向きに寝ます。起きている時も、こまめに水分を摂るのが大事です。

図6-2 声が小さい高齢者の話を正確に聞く方法

「何度も聞き返す」「近づかない」「顔を見ない」だと、高齢者は話す気が失せてしまう

一歩前へ出て、しっかり顔を見て、作業中なら手を止めて話を聞こう

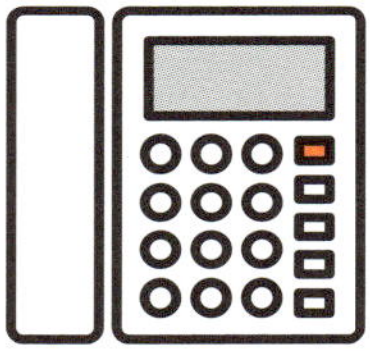

電話であれば、音量を上げる

図6-3 声がしっかり出るようにする方法

加湿器を使ったり、こまめに水分を摂ったりする

1から10まで声に出す

■何度も聞き返すのはご法度。高齢者は話す気が失せてしまうから

■一歩前へ近づいて、作業中なら手を止め、顔を見てしっかり話を聞く

■喉をケアするのなら、部屋の湿度を上げ、こまめに水分を摂る

第2章

老人のよくある困った行動 その7

「あれ」「これ」「それ」が異様に多くて、説明がわかりにくい。

「あれ」や「これ」の正体をしつこく問い詰めるのはご法度

「あれ」を「それ」してから「なに」をして——というように、具体的に言葉が出てこないということがありませんか？ 年齢を重ねると、ものの名前の記憶があいまいになります。また、若い人と比べると、話が2倍長くなることもわかっています。

ただし、年を取ると「あれ」「これ」「それ」が増えてしまうのは記憶力の問題だけではなく、**長年生きてきたために記憶をたくさんしているからというのも原因**になっています。

確かに高齢者のほうが、ものを覚えるのは不得意です。しかし、長年生きてきたため記憶している量が多いことから判断材料が豊富であるので、**判断力は高いこともわかっています**。年を取ったからといって、脳が悪くなっているとは言い切れないのです。

高齢者が「あれ」と言った際に、**名前が出てこないだけなら単なる物忘れですので、あまり気にしなくていい**です。例えば、「あれよ、あれ。ほら、ベランダにあるパンジーに差してある…、何だっけ？」と言いつつ、「植物用液体肥料」という名前が出てこないだけですから。

一方で、高齢者が「あれって言ったら、あれのこと。しつこく聞かないで！」などと言って**怒ったら、認知症の可能性もあり問題**です。怒ってしまうのは、自分でも「あれ」が何だかわからなくなっていて、そのことを指摘されるのが嫌だからです。

図7-2 高齢者の判断力は、実は高い！

「記憶しているもの＝判断材料」が多いので、判断力は高い

図7-1 高齢者の頭の中は、こんな状態

記憶してきたものが多すぎるので、探している記憶がなかなか見つからない

図7-3 物忘れと認知症

物忘れ	認知症
●物忘れを自覚している	●物忘れを自覚していない
●体験したことの一部を忘れる （例：旅先のホテルで食べた夕食のデザート）	●体験したこと自体を忘れる （例：旅行したこと自体を忘れている）
●とっかかりがあれば思い出す （例：旅先の名産品から、メロンだと思い出す）	●とっかかりがあっても思い出せない
●判断力に問題なし	●判断力が低下している
●日常生活に大きな支障はない	●日常生活に支障をきたしている

■「あれ」や「これ」が多いのは、記憶力の問題だけではない
■高齢者は記憶量が多いため、なかなか記憶が引き出せない状態であるが、判断材料が多いので判断力は高い
■名前が出てこないだけなら単なる物忘れだから心配なし。でも怒ってきたら認知症の可能性があるので要注意

そこで周囲は、**「あれ」とかが何であるかをまずは軽く聞いてみて様子を見るといい**です。もしくは、「今日って何月何日だったっけ？」と自分がついド忘れしたかのように振る舞うと、相手を傷つけないで質問することもできます。

「あれ」や「これ」が何なのかを問い詰めて、結論を急がせることだけはやめましょう。

会話を成立させるために「取り繕《つくろ》っている」可能性がある

高齢者でなくても、自分がいろいろと忘れてしまっているのは受け入れたくないものです。だから他人と会話をする上で、**一見会話が成立しているかのように取り繕《つくろ》うことがあります**。よくあることなので、「取り繕い反応」や「場合わせ反応」という名前までついています。

高齢者は決して、「わからないから、ごまかしてその場をしのごう」というように意図的にやっているわけではありません。無意識に取り繕ってしまうことも多いのです。例えば、医師と次のような会話をします。

医　師 **「内科にはかかりました？」**

高齢者 **「最近は年を取ってきたからね」**

医　師 **「そうですか。年齢を重ねるといろいろありますものね。お昼はもう召し上がりました？」**

高齢者 **「最近はすぐにお腹いっぱいになって」**

医　師 **「あんまり食べられないのですね。ところで、お薬は飲みました？」**

高齢者 **「ああ、あれは大丈夫だよ」**

一見会話が成立している感じもしますが、医師からの質問にちゃんと答えていません。薬を飲んだかなど大事なことをちゃんと確認したい場合は、問い詰めてもでたらめに答える可能性があるので、**家族が薬を管理するなどの方法でフォローするしかありません**。

本人ができることとしては、適度に脳を刺激することです。**読書する、文章を書く**など簡単なことで大丈夫です。**いつもと違うテレビやラジオの番組をつける、いつもと違う道を歩く**のも新鮮な気分になれていいでしょう。

散歩しながら会話をするなど、同時に2つ以上のことをするのも有効です。一緒に住んでいる人がいない場合でも、家族と携帯電話で話しながらにすれば（手を使わないで会話できる設定が望ましい）、連絡が頻繁にでき、楽しくよく話すことで脳にもよい刺激となります。

図7-4 「あれ」や「これ」の頻発を予防するための習慣

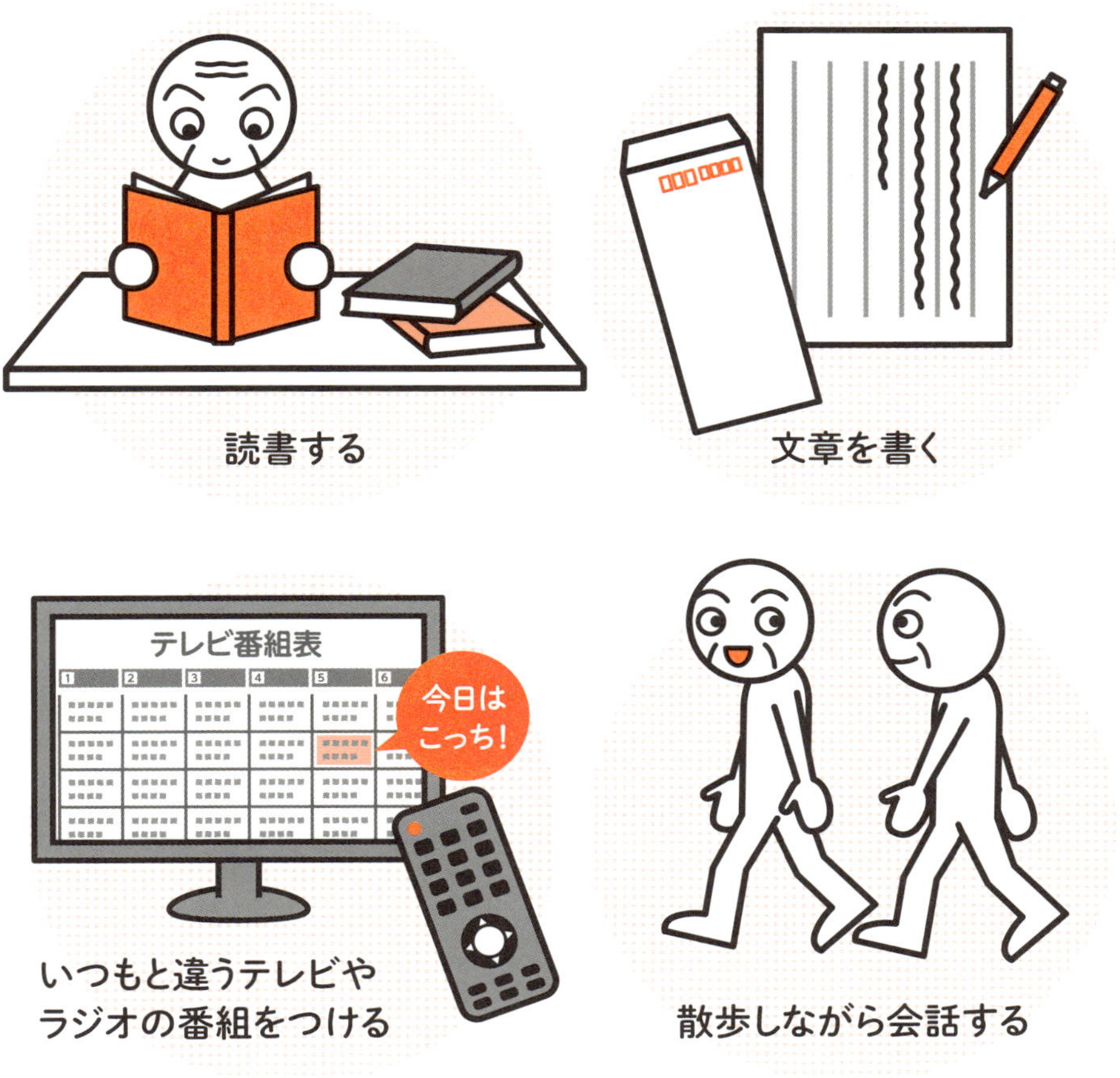
読書する
文章を書く
テレビ番組表
1
2
3
4
5
6
今日は
こっち!
いつもと違うテレビや
ラジオの番組をつける
散歩しながら会話する

POINT

- ■「あれ」や「これ」は軽く確認する程度にとどめる。しつこく聞いてはダメ
- ■薬の服用など大事なことは、本人任せではなく家族が管理するなどでフォロー
- ■読書、文章を書く、散歩しながら会話する、いつもと違うテレビやラジオの番組をつけるのが予防策

COLUMN 2

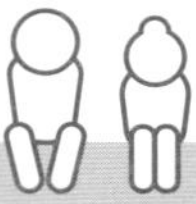

年を取ると五感はどう変わるのか？ 解説編

視覚

老眼が40代中盤からはじまり、60代になると老眼鏡を使わないと辛くなります。また、白内障が50代から半数以上の人に発症し、80代を超えると99%が白内障になります。白内障になると、暗い所と明るい所が見にくくなります。

聴覚

難聴は50代後半からはじまり、60代後半で急速に進み出し、80代以上では7～8割を占めます。まずは高い音が聞き取りにくくなり、電子音などを聞き逃します。次第に、複数の音声の聞き分けができなくなります。後ろから迫っている車の音にも気づかなくて、轢《ひ》かれそうになります。

嗅覚

50～60代までは年齢とともに機能が高くなりますが、それ以降はやがて低下します。70代からの機能低下が大きいです。嗅覚と味覚は関連しているので、味も感じにくくなります。普段の生活では自分の体臭・口臭に気づかず、相手を不快にさせます。

味覚

60代から衰えてきます。味覚障害により、醤油やソースをたくさんかけたくなります。味がわかりにくくなることで食べる楽しみが減るため、食欲もなくなります。

触覚（温痛覚）

50代から衰えはじめ、70代から顕著になります。手に持っているものの感覚が弱まるため、物を落としやすくなります。温度感覚も鈍るので、やけどをしやすくなります。若い人と同じ空間にいても空調の設定が違うため、嫌な顔をされます。

第3章

周りが大迷惑

その8　赤信号でも平気で渡る。

その9　口がそこそこ臭い。

その10　約束したのに、
「そんなこと言ったっけ？」と言う。

老人のよくある困った行動 その8

赤信号でも平気で渡る。

日本の信号機は、高齢者が渡り切れないように作られている

信号が赤に変わってもペースを変えずにゆっくり渡り続ける。もっとひどいと、信号が元々赤なのに、堂々と渡る…。危険極まりないですよね。「車のほうが勝手に止まってくれるからとそうしている」「渡り切れるという自信を、老人が持ってしまっているから」など自己中が原因かというと、それは極めて少数派。こうなってしまうのには理由があるのです。

そもそも**日本の信号機は、高齢者が渡り切るのに間に合わないように作られている**からです。信号機は1秒で1m歩けることを前提に作られているのですが、85歳を超えると男性は0・7m、女性は0・6mしか歩けないのです。ですから、信号が赤になる前に渡り切るのは難しいのです。理由としては歩幅が小さくなることが1つ。歩幅を大きくすると速く歩けますが、体重の上下動が大きくなり不安定になって転びやすくなるのです。

そこで周囲は、身近な高齢者が横断歩道の白線とそうではない部分をセットにした**約1mを1秒で渡り切れているか、一度チェックしましょう**。渡り切れない場合は、要注意です。

高齢者は、信号が青でもいったん赤になるまで待って、**再び青になったらすぐに渡りはじめるほうが、途中で赤に変わる前に渡り切れる可能性を高めることができます**。それと日本の信号機は青が点滅した際には走ることが前提になっていますが、高齢者には困難です。

図8-1 年齢・性別ごとの歩行速度（平均値）

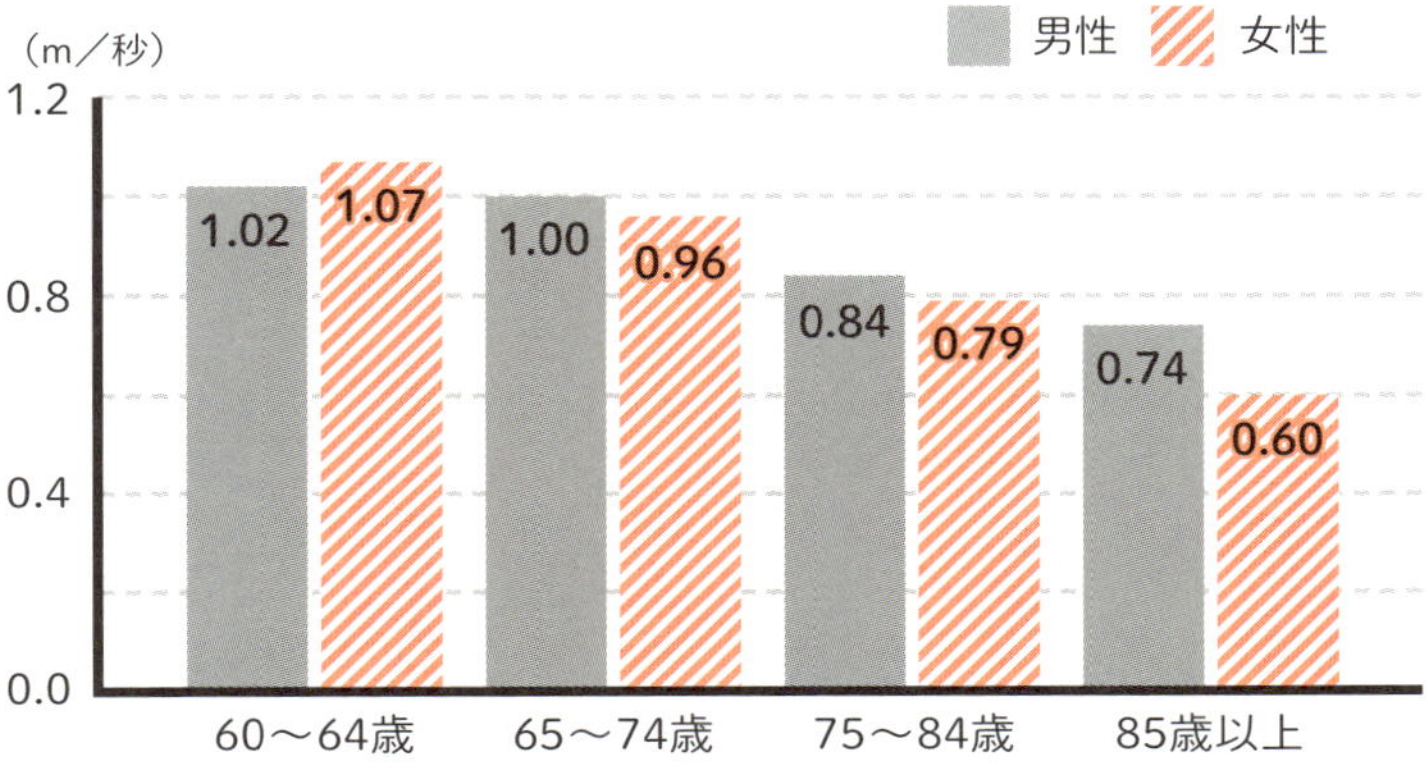

※2m50cmの直線を3回歩いた際の平均値を使用して、1秒間に歩ける距離を算出

図8-2 横断歩道を使って、青信号で渡り切れるか確認する方法

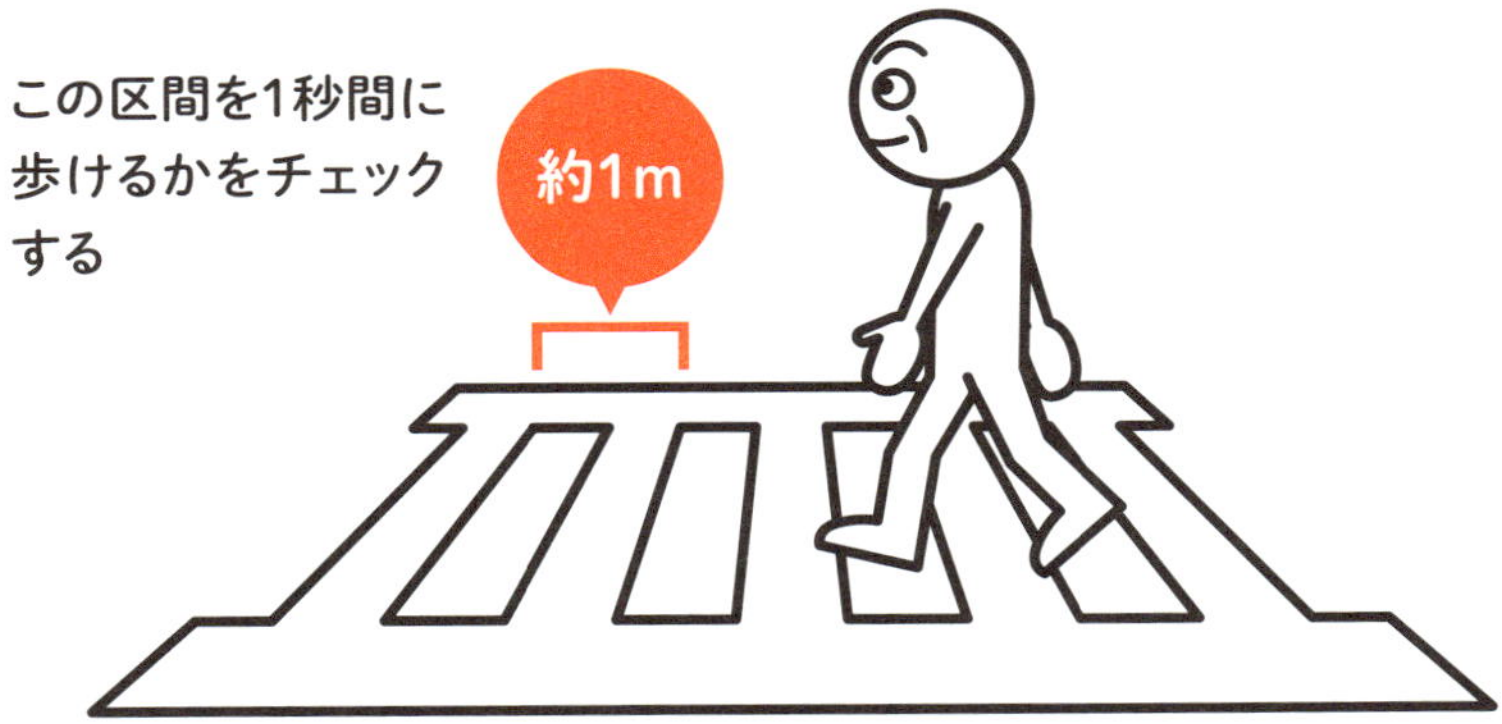

- 日本の信号機は、高齢者が渡り切るのを前提に作られていない
- 白線とそうでない部分を1セットとした約1mを、1秒で歩き切れているかを確認する
- いったん赤になってから青に変わるまで待って、横断するようにする

自分が運転している時は、高齢者が渡っていないか常に注意することが大事です。高齢者は信号を守っている時でも背が小さく、運転席から存在に気づきにくくなりがちです。セダンなど普通の車を運転する際でも、高齢者は背が小さい方が多いことから、足ではなく**大切な臓器を囲む骨盤を骨折させて重体に追い込むこともある**ので、気が抜けません。

簡単スクワットとシルバーカーで、早く渡れるようになる！

信号を渡り切るのに必要な脚力を鍛えるためには、スクワットがオススメです。イスに座って足を30度くらいに開き、机に手を置いて立つ。これを5～6回繰り返すだけで十分です。つまり、イスから立ち上がる動作を繰り返すだけでいいのです。

シルバーカーの購入も検討しましょう。シルバーカーとは、高齢者がよく使っている、押しながら歩くもので、荷物も積められ、座ることもできます。普通に歩いたり杖を突いて歩いたりする時と比べると、歩行スピードが18％速くなったという研究結果もあります。速くなる理由は、歩いている時に重心が安定することと、シルバーカーは車輪なのでエネルギーのロスが少なくなることです。ですから、転倒防止にもつながります。

高齢者は、そもそも**信号機がよく見えていません**。転ぶのが怖いから下ばかり見ていること、腰が曲がっているから信号を見上げるのは一苦労であることが理由です。一休みして体を持ち上げないと、信号機が見えません。

瞼《まぶた》が下がってしまうため、上のほうが見にくくなるのも原因です。遠くからだと見えるのですが、近くからだと見えなくなります。もし高齢者が、食器など普段よく使うものを上に置かなくなったら、瞼が下がっている可能性があります。

目をギュッとつぶってから大きく見開くというのを1日10回程度することで、瞼の下がりを軽減することができます。

コンタクトレンズ、それも特にハードタイプをつけると瞼が下がりやすくなるので、長時間使わないようにしましょう。女性の場合はメイク落としでゴシゴシと瞼をこすったり、まつげエクステを使うと瞼が下がりやすくなるので、瞼は優しく洗浄し、エクステの使用は控えるのが無難です。

図8-3 信号無視せず、青信号で渡り切れるようにする方法

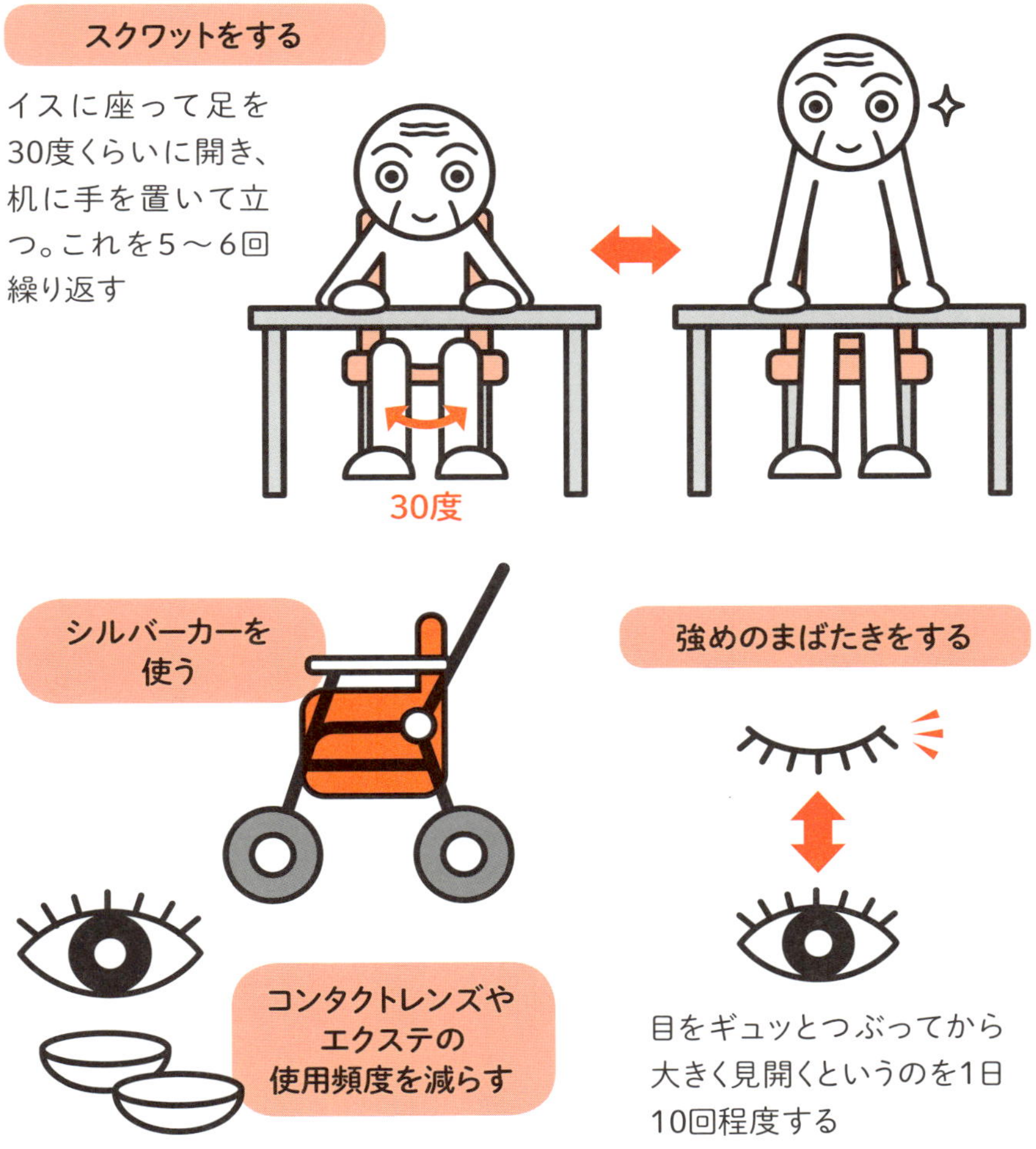
スクワットをする
イスに座って足を30度くらいに開き、机に手を置いて立つ。これを5～6回繰り返す
30度
シルバーカーを使う
強めのまばたきをする
コンタクトレンズやエクステの使用頻度を減らす
目をギュッとつぶってから大きく見開くというのを1日10回程度する

POINT

- ■イスと机を使った簡単スクワットで足腰を鍛える
- ■シルバーカーを使えば、転びにくくなり、早く渡れるようになる
- ■瞼の下がりを軽減するために、目の開閉の運動をし、コンタクトレンズやエクステを控える

老人のよくある困った行動 その9

口がそこそこ臭い。

歯ブラシと歯磨き粉だけでは、歯はきれいにならない

年を重ねると口が臭くなります。口臭の原因として胃は15％で、残り85％が口なのです。入れ歯も口臭の元になりますが、それよりも口内の殺菌と洗浄の役割を果たす**唾液が減ることが最大の原因です**。

あまりにひどい場合は、**歯科受診を勧めましょう**。周囲は高齢者本人に言いづらいかもしれませんが、黙っていながら臭いのが嫌で距離を置いたままだと、「何となく避けられている」「嫌われている」と高齢者は思い込んで、疎外感を感じてしまうだけです。

本人ができる予防策は、たくさんあります。まずは口内洗浄。とはいっても、単に歯ブラシと歯磨き粉で歯を磨くだけでは不十分。**デンタルフロスといって糸のようなもので、歯と歯の間や、歯と歯茎の間の隙間に詰まったものを取り除くのが重要です**。フロスは慣れるまで多少時間はかかりますが、使いこなせるようになると、口の中がとても気持ちよくなります。

入れ歯でも、ケアは怠ってはいけません。入れ歯を洗浄液に浸しても、すり減ってできた隙間の汚れはなかなか落ちません。それから、口の中とは入れ歯だけではありません。口の内側全般も清潔にしておきましょう。

唾液をしっかり出すようにするには、**唾液腺のマッサージが有効**。唾液腺は、耳下《じか》腺、顎下《がっか》腺、舌下《ぜっか》腺の3つあります。指で10回押します（図9-2を参照）。食事前にすれば消化が促進され料理が美味しくなります。

図9-1 歯磨きの時に必ずしておきたい口臭対策

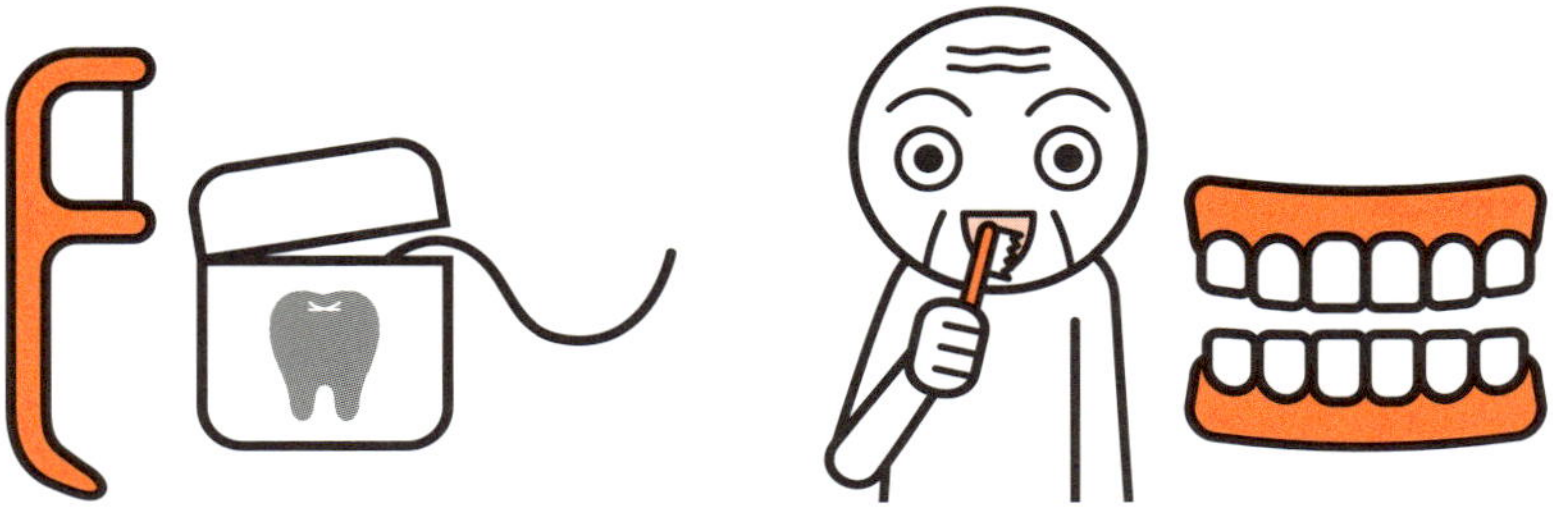

歯ブラシと歯磨き粉だけでなく、デンタルフロスも使う

入れ歯の人は、入れ歯だけでなく口の中もしっかり洗う

図9-2 唾液腺マッサージで口臭予防

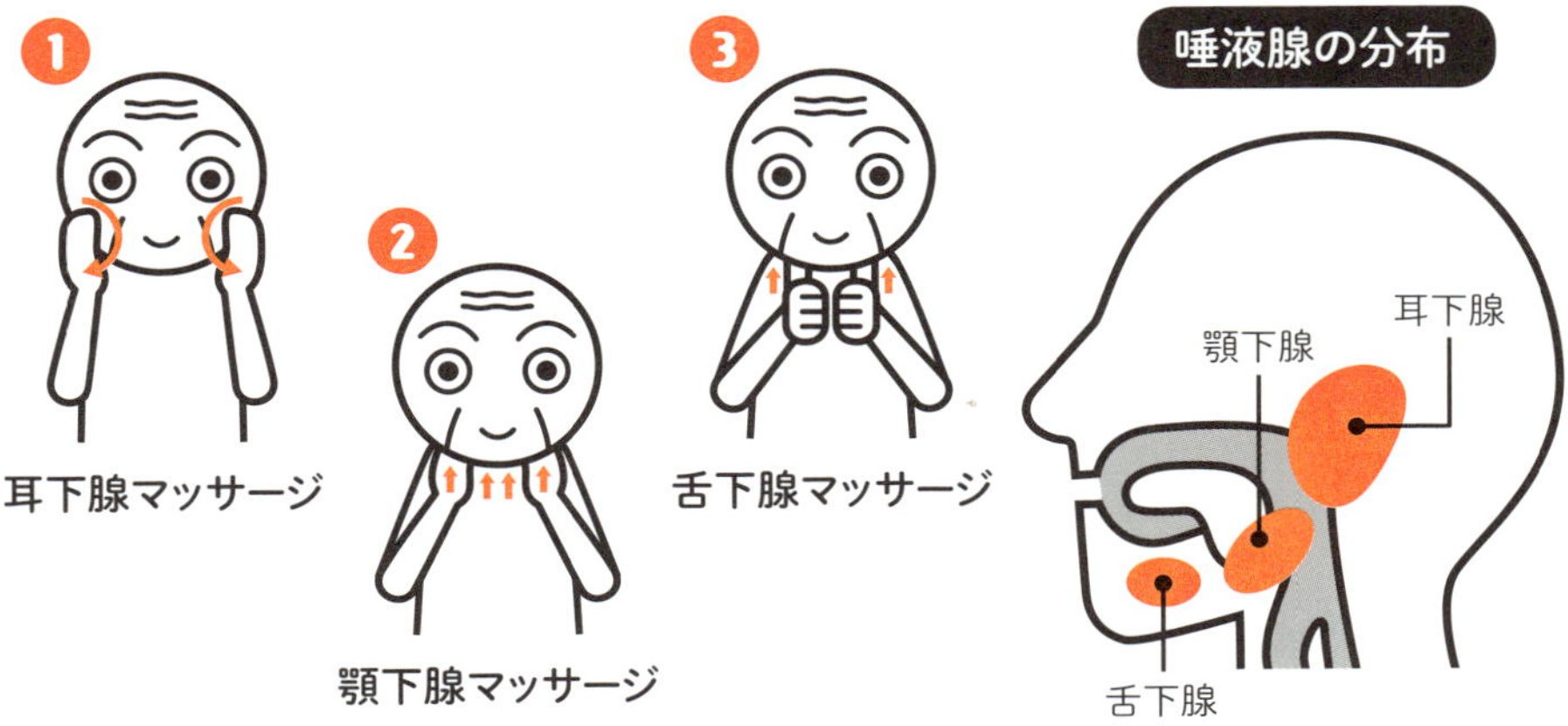

- ■口臭の最大の原因は、口内の殺菌と洗浄をする唾液の分泌が減ること
- ■歯ブラシ、歯磨き粉だけでなく、デンタルフロスも使って口内洗浄する
- ■唾液腺のマッサージをすれば唾液が出やすくなる

口臭を防ぐ食べ物はいろいろ。酸っぱいもの、果物、硬いものなど

口臭をチェックするのも大事です。用意するのはコップだけ。まずはコップの中に息を吐いて、手でふたをします。次に新鮮な空気を鼻から吸って、「ハーッ」と息を吐きます。そしてコップに入った自分の息を吸いましょう。さて、ニオイはどうでしたか?

酸っぱいものを食べるのも効果的です。レモンや梅干しを食べれば、唾液の分泌が促されます。

果物にも、口臭予防にうってつけのものがたくさんあります。**パイナップル**、**パパイヤ**にはニオイの元となるタンパク質を分解する「パパイン」という酵素が含まれています。**キウイフルーツ**に入っている「アクチニジン」も同様の効果があります。**リンゴ**は天然の歯ブラシと呼ばれるほどの優等生で、歯を物理的にきれいにする食物繊維が豊富で、口臭に効くポリフェノールも含まれます。

うまみ成分のグルタミン酸も唾液を出す効果があるので、**ダシを効かせた料理を食べましょう**。そして食事の最後は、緑茶で締めくくれば完璧です。

飴《あめ》やガムも、唾液分泌を促進します。歯周病のことを考えますとガムのほうがいいのですが、歯にひっつくのが苦手な人は飴で構いません。**硬いものを噛む**のも、唾液を出しやすくします。スルメでもいいのですが、歯が20本以上ないと厳しいので、食べられる高齢者は限られてしまいます。**いろんな硬さから選べる煎餅《せんべい》**でしたら、多くの高齢者が食べられるでしょう。

何を食べるにおいても、**よく噛むことは唾液分泌を促進します**ので、そのようにしましょう。とはいっても習慣化するのは難しいかもしれません。であれば、噛む回数を数えるだけでも習慣化しやすくなります。すると1、2回しか噛まずに飲み込んでしまっていることにも気づき、「もっと噛まないとな」と思うことが増えていきます。

口呼吸が多いと口の中が乾燥して口臭が発生しやすくなります。**普段から鼻呼吸を心がけてください。部屋を加湿するのも有効**です。加湿器を設置するのがいいのですが、濡れたタオルをかけておくだけでも加湿効果はあります。

また、寝ている時は口呼吸をしやすいです。それを解消するには、横向きで寝るのが1つの策となります。

図9-3 唾液分泌を促すものを、よく噛んで食べよう

果物

パイナップル
パパイヤ
キウイフルーツ
リンゴ
など

酸っぱいもの

レモン
梅干し
など

ダシがとれた料理

硬さのあるもの

煎餅など

図9-4 口内を乾かさない呼吸をする

口呼吸よりも
鼻呼吸

部屋を加湿

横向きで寝る

- ■コップを用意して、一度口臭をチェックする
- ■酸味の強いもの、果物、硬いものを食べる
- ■鼻呼吸を心がけ、口内の湿度を保つ

その10

約束したのに、「そんなこと言ったっけ？」と言う。

話を忘れていたのではなく、話が元々聞こえていなかっただけ

高齢者と話しているとすごく聞き分けがよく「うん、うん」と聞いてくれるのに、待ち合わせをしても来ないし、約束も守らない…。なぜでしょう？

年を取りすぎて、記憶力が弱っているだけ？と、片づけてしまうことはできません。というのは、**「そもそも高齢者が、話していたことが聞こえていなかった」ということも非常に多い**からです。

高齢者の場合は会話、それも**人数が少しでも多くなると聞き取りにくくなります**。今は誰に話しかけているのか、という把握も苦手だからです。またガヤガヤした場所でも、すぐに聞き取りにくくなります。

そこで周囲は、**話しかける時は雑音ができるだけない場所を選んで、真っすぐ高齢者の顔を見て、ゆっくりと話すのが大事**です。肩を叩いて、名前を読んでから話しかけると、より効果的です。

横文字や業界用語もやめましょう。「ガラケー」は「携帯電話」にしないと通じないと思ったほうがいいです。高齢者は新聞を読み慣れていますから、「ポジティブ」「コンセンサス」「イニシアチブ」など、**新聞で使われないような言葉は控えましょう**。周囲は、世の中の動きを知ることも兼ねて、普段から新聞を読むほうがいいです。

より確実にするのであれば、筆談も効果的。原始的な方法ですが、周囲は普段から意識しないと思いつかない方法です。

図10-1 「そんなこと言ったっけ?」と高齢者に言わせない伝え方

雑音が少ない場所で、真っすぐ高齢者の顔を見て、ゆっくりと話す。名前を呼んだり肩を叩いたりしてから話しかければ、さらに効果的

より確実に伝えたいのなら、筆談も有効

大人数で、雑音が多い場所で会話をする

図10-2 高齢者が混乱しやすい言葉

変換しないと通じにくい言葉

「ベスト」➡「チョッキ」 「ガラケー」「フィーチャーフォン」➡「昔の携帯電話」

位置づけが知られていない言葉

スマートフォンの中の1つとしてiPhoneがあるが、高齢者にとってはスマートフォンとiPhoneは別もの

意外に通じる横文字

ジェネリック（薬の後発品として価格が抑えられたもの）

- ■雑音が多く人数が多いシーンでの会話が、高齢者は苦手
- ■高齢者は、横文字を知らない。新聞で使われないような言葉は避ける
- ■確実なコミュニケーションをするのなら、筆談も使いたい

文を短くすると、さらに伝わります。要件をいっぺんに伝えるのではなく、時間、場所、持ち物など、1つ1つを確認しながらなどして話を進めましょう。「明日は一緒にそばを食べに行くから新宿の西口に11時に集まって食べに行きましょう」だと長すぎます。高齢者は「そばを食べに行くこと」は覚えているけれども、「何時か」や「待ち合わせ場所」は完全に忘れていることがあります。場所や時間など大事なことは、その都度聞いて答えてもらってから次に進めば、いっそう覚えてもらえます。

高齢者は聞こえたふりをしてしまうこともあるので、注意しましょう。雑音が多く人数が多い会話だと起きやすいので、前のページにあった対処法を心がけてください。なんでこんなことを高齢者がしてしまうのかというと、自分だけが聞こえなくて会話の流れを止めたり、何度も聞き返すのが気まずいと思ってしまうからです。たいてい、過去にこういった苦い経験をしています。

周囲を見回し、名前を呼んでから話す。青魚やクルミをよく食べる

本人がしたほうがいいこととしては、**会話の時はきょろきょろと見回すことが大事**です。右耳と左耳の位置関係が変わり、会話がわかりやすくなるからです。耳に手を当てると、いっそう会話が聞こえやすくなります。

自分から率先して**名前を呼んでから話すのも有効**です。誰が誰に話しているのかが明確になりますし、他の人も名前を呼ぶようになります。

電話での聞き取りが難しくなったら、無理をせずに**FAXやメールもどんどん使いましょう。**FAXであれば言ったことをメモしなくていいし、文字が大きく書けるので重宝します。メールでしたら、パソコンや携帯電話などいろんな所から送受信できるので便利です。

耳の訓練としては、多くの人が早口でどんどん発言するバラエティ番組をあえて観るのもいいでしょう。楽器を演奏するのもよく、音楽を聞くだけよりも効果があります。

オメガ3脂肪酸も、耳にいいことがわかっています。**青魚、クルミ、アマニ油を積極的に摂取しましょう。**

なお、青魚というとよく間違えられるのですが、イワシ、サバ、ニシンなどが青魚です。タラ、カレイ、フグなどは白身魚であり、オメガ3脂肪酸はあまり含まれていません。魚だったら何でもいいと思わないでください。

図10-3 高齢者に伝わりやすい話し方、聞き方

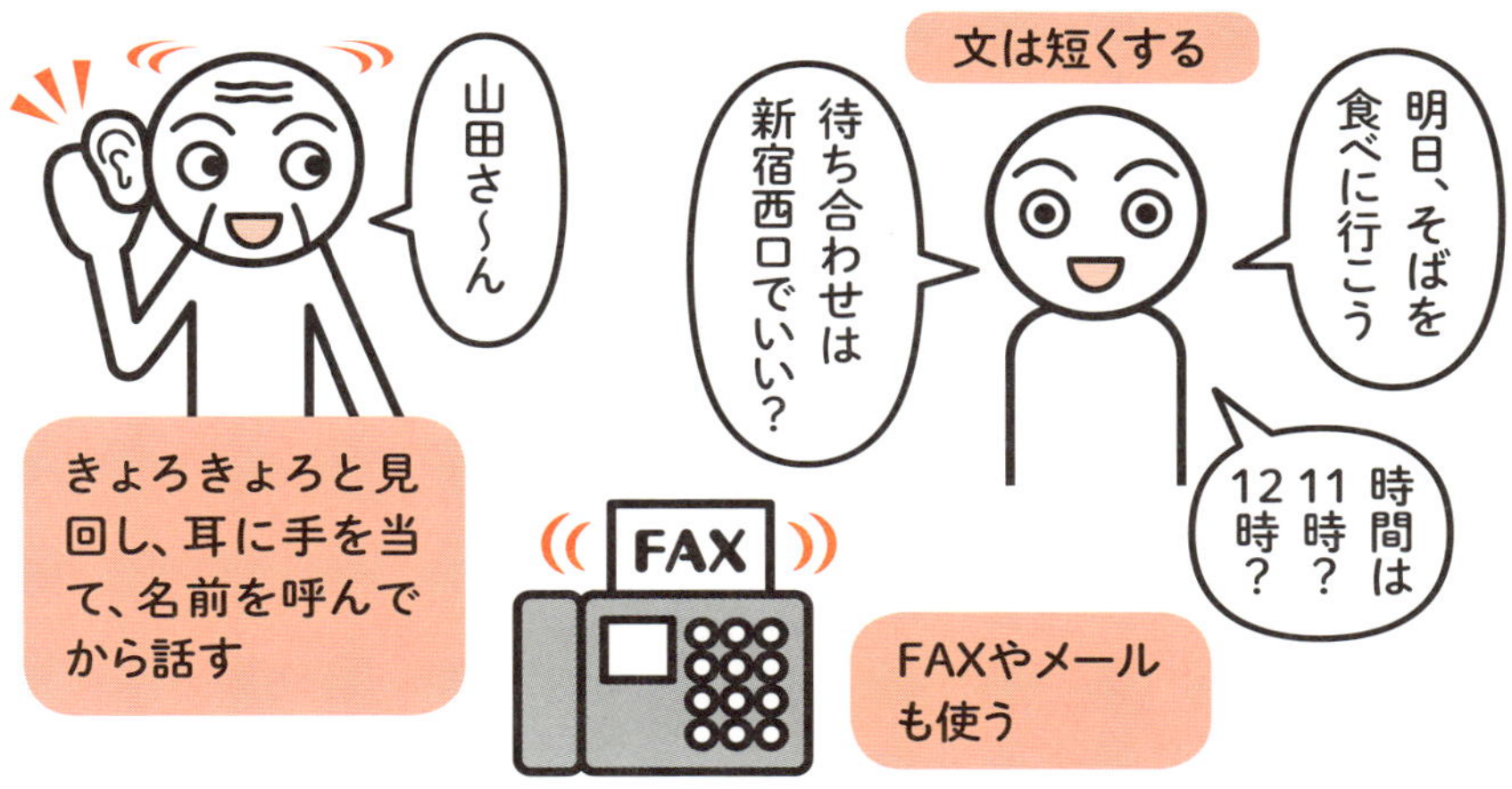

図10-4 簡単にできる耳の訓練

多くの人が早口でどんどん発言するバラエティ番組を観る
楽器を演奏する
青魚、クルミ、アマニ油などでオメガ3脂肪酸を摂る

- 高齢者は聞こえたふりをすることがあるので、静かな場所でゆっくり話しかけるようにする
- 高齢者本人が会話をする際は、よく見回し、名前を呼んでから話す。電話だけに頼らず、FAXやメールも使う
- 楽器演奏や青魚で耳を鍛えておく

参考文献

その1 立木　Audiology Japan 2002／和田　Audiology Japan 2008／
Anderson S　Proc Natl Acad Sci 2013

その2 下田　日本耳鼻咽喉科学会会報　1995／Cervellera G　J auditory Res 1982／
青木　紙パ技協誌　2016／Choi　YH Am J Clin Nutr 2014／
山下　日本耳鼻咽喉科学会会報　2016／Amieva　H J Am Geriatr Soc 2015／
長井　Auditology Japan 2016

その3 石原　老年精神医学雑誌　2015／Rubin DC Memory cognition 1998／
Shangman S Memory 2006／佐藤　よくわかる高齢者心理学

その4 齋藤　現代社会文化研究　2008／増谷　人間・植物関係学会雑誌　2013／
Manor Soc Sci Med 2003／日本精神神経学会　2013

その5 福永　日本味と匂学会誌　2003／Schiffman JAMA 1997／
織田　実践女子大学生活科学部紀要　2011／
永易　日本調理科学会大会研究発表要旨集　2012／
冨田　日本医師会雑誌　2014／Murphy Br Dent J 1971

その6 Honjo　I Arch Otolaryngol 1980／Trinite J Voice 2017／
Johns fielder J Voice 2015／白石　Audiology Japan 2015／
Fujimaki Clin Rehabil 2017

その7 Batles PB Annu Rev Psychol 1995／松田　高次脳機能研究　2015／
Ames Alzheimer Dimentia 2009／Wolson Neurology 2013／
Eggenberger Clin Interv Aging 2015

その8 村田　国際交通安全学会誌　2007／
東京都健康長寿医療センター研究所　「長寿社会における暮らし方の調査」2014／
上原　日本理学療法学術大会　2006／西本　あたらしい眼科　2008

その9 Bollen Int J Oral Sci 2012／塚本　障害者歯科　2006／
Munch R J Food Sci 2014

その10 翁長　日本建築学会環境系論文集　2009／
岡本　耳鼻咽喉科・頭頸部外科　2015／山岨 FOOD Style 21 2015／
文部科学省「日本食品標準成分表2015年版（七訂）」

その11 橋詰　日本老年医学会雑誌　1986／中村　日本老年医学会雑誌　2012

その12 Lockenhoff .Psychol Aging 2007／樋野　日本建築学会計画系論文集　2002／
鎌田　生活科学研究　2012

その13 中村　日本消化器病学会雑誌　2001／Karlson S J Dent Res 1990／
Machntosh JClin Endocrinol Metab 2001／
De Castro JM Am J Clin Nutr 2002／Nakata R Psychol Behav2017

その14 兵頭　日本リハビリテーション医学会誌　2008／
垣内　日本呼吸ケア・リハビリテーション学会誌　2015／
千住　理学療法学テキスト　2016／田村　日本理学療法学術大会　2011／
若林　新興医学出版社

その15 三島　保健医療科学　2015／井上　認知神経科学　2015／
三島　生体の科学　2012／亀ヶ谷　空気調和・衛生工学会近畿支部　2013／
Kim K Sleep 2000／小西　愛媛県立医療技術大学紀要　2015／
Emens JS Sllep Med Clin 2015

その16 老年医学系統講義テキスト　西村書店／高齢者尿失禁ガイドライン／
老人のリハビリテーション　医学書院

第4章

見ていて怖い、心配…

その11 自分の家の中など、「えっ、そこで!?」と思うような場所でよく転ぶ。

その12 お金がないという割に無駄遣いが激しい。

その13 「悪い病気じゃないのか…？」と思うくらい食べない。

その14 命の危険を感じるほどむせる。痰を吐いてばかりいる。

その15 その時間はまだ夜じゃないの？というほど早起き。

その16 そんなに出るの？と不思議に思うくらいトイレが異常に近い。

自分の家の中など、「えっ、そこで!?」と思うような場所でよく転ぶ。

高齢者の事故現場で最も多いのは家の中

高齢者の事故の中で最も多いのは、外ではなく、家の中なのです。独立行政法人国民生活センターの報告によると、77・1%が家庭内で起きています。さらに、65歳以上は2倍大きな事故になります。なぜなら、筋肉・骨が弱くなってしまっているからです。

家庭内で起きる事故で多いトップ2は、転落（30・4%）、転倒（22・1%）。つまり半分以上は、転ぶという事故なのです。特に階段は危険で、**骨折が最も起きる場所は階段**となっています。

もし高齢者が**足を骨折すると、寝たきりになってしまうことも多い**ので非常に深刻です。要介護4、5という多くの介護を要する状態の原因は、認知症、脳卒中や衰弱の次が骨折なのです。高齢者は大腿骨頸部《だいたいこつけいぶ》という足の付け根の骨折が多いのですが、松葉杖で歩くのも困難になり、人工の関節手術が必要になったり、寝たきりのきっかけになったりすることもあり要注意です。

転倒は、「重心（バランス）」と「目」が大きく関係します。重心は20・30代と比べると、60代で20%、70代で41%、80代以降では80%バランス能力を失います。

一度、重心がどれくらい保たれているのかをチェックしましょう。**目を開けたまま、片足立ちを15秒以上できるかを確認する**だけです。ちなみにこのチェックテストは、**重心強化のトレーニングにもなります**。無理せず続ければ、次第にバランス感覚が良好になってきます。

図11-1 介護が必要となった主な原因

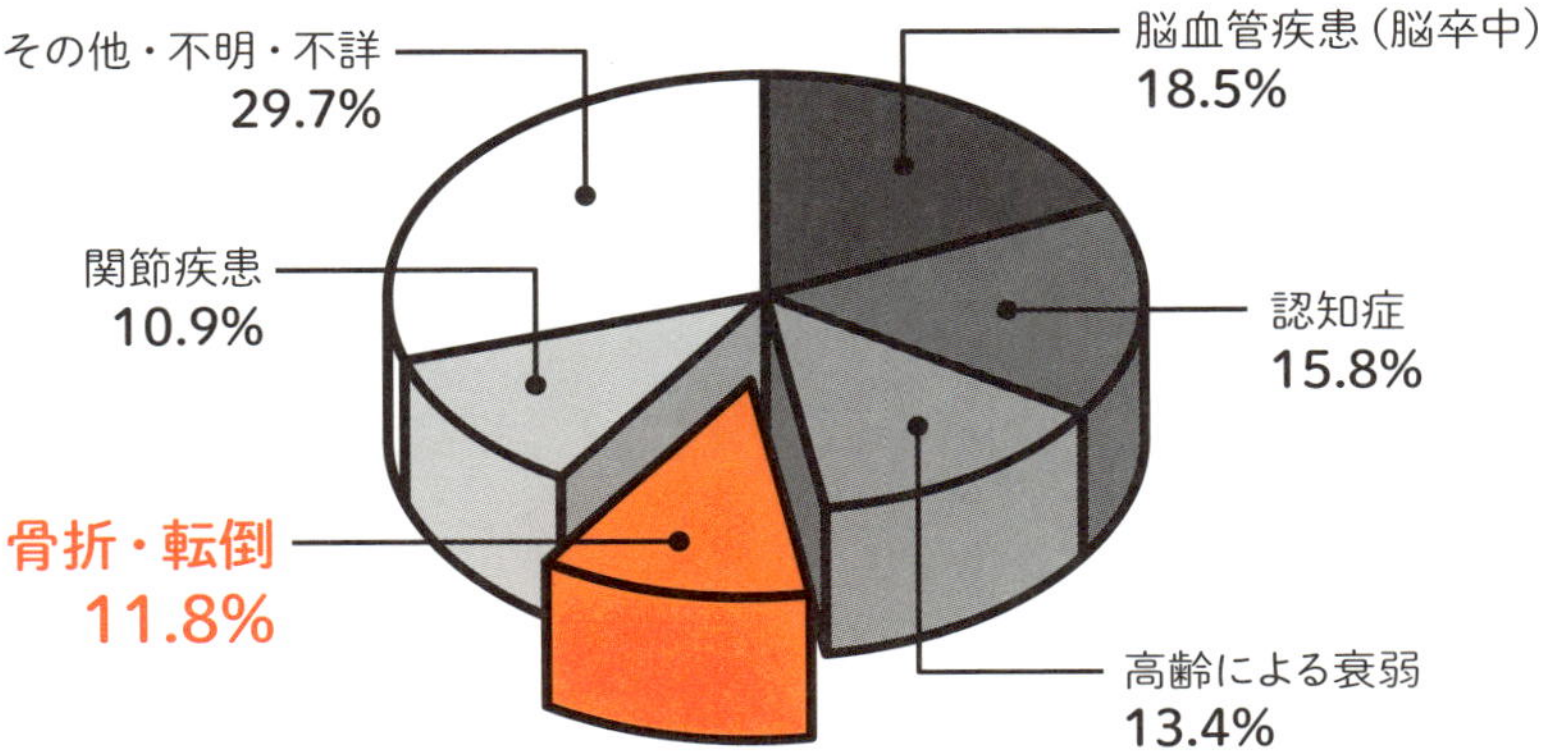

※厚生労働省「平成25年国民生活基準調査」より作成

図11-2 重心の確認ができる片足立ち

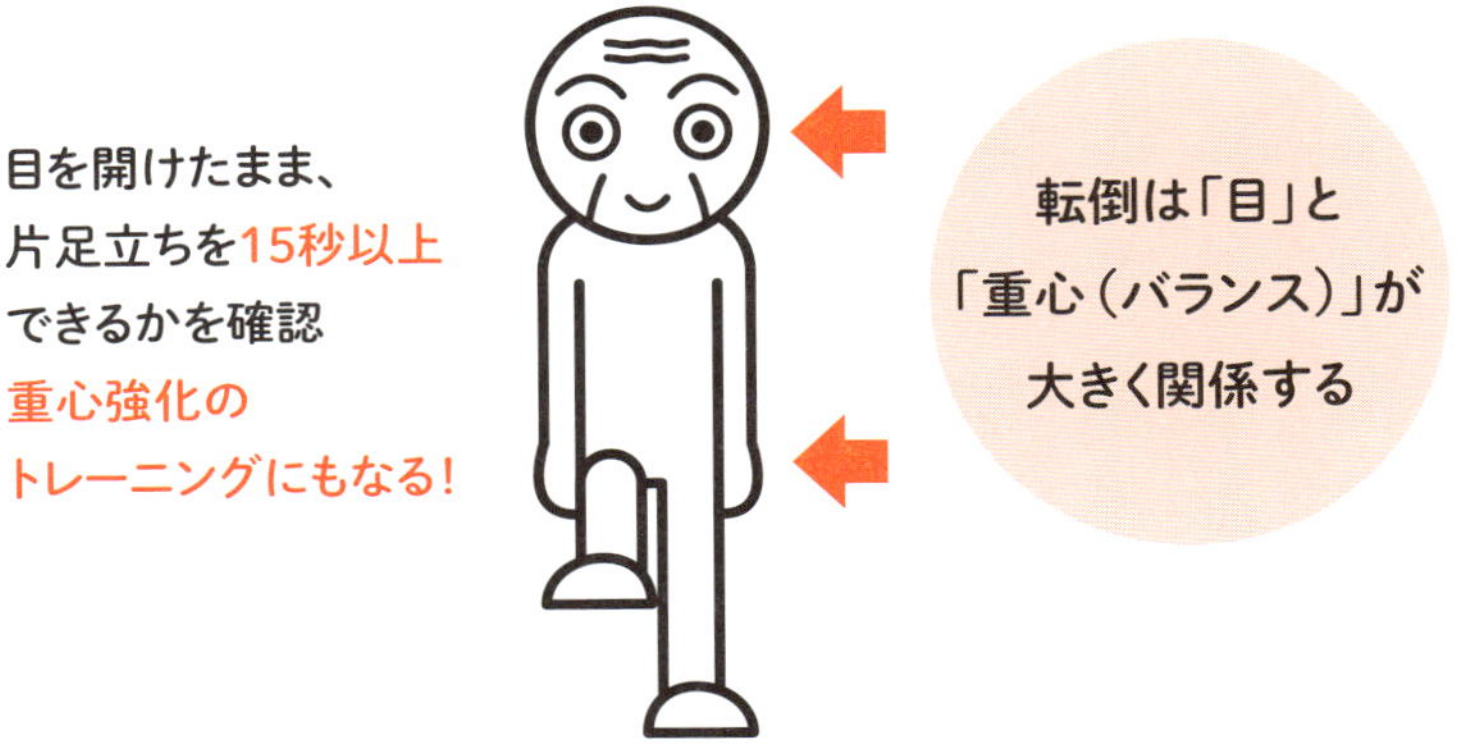

■高齢者の事故現場で最も多いのは、外ではなく家の中。転ぶ事故が過半数を占めている
■階段が特に危険で、骨折現場として最多である。骨折が寝たきりの原因にもなる
■片足立ちで、重心の確認と、転倒防止のトレーニングができる

目は転倒防止においてとても重要です。先ほどの片足立ちテストを、今度は目をつぶって行ってみてください（転倒防止のために、必ず誰かが見守る中で行いましょう）。10秒ももたない人が大半です。つまり**人間は、目をかなり頼って重心を安定させている**ということです。

遠近両用メガネが転倒を招く

高齢者の転倒で目に関係することとしては、「遠近感」「メガネ」「光」が主な要素となります。

まず遠近感ですが、近く・遠くの判断が年齢とともに低下します。そのため、階段を踏み外しやすくなります。

次にメガネですが、高齢者に定番の遠近両用こそ、転倒の原因となってしまうのです。遠近両用メガネは上を見ると遠くが、下を見ると近くがよく見えるように設計されているので、読書には向きます。一方で、階段を下りる際には、これから足を伸ばす1つ下の段までは読書時の本よりもずっと遠くにあるのでぼやけてしまい、これが転倒を招くのです。ですから**遠近両用メガネ着用時には、顎《あご》を引いて下を見るという癖をつけましょう。**

最後に光ですが、高齢者は暗い所を見るのが苦手です。20代ですと瞳孔《どうこう》の面積は15・9㎟程度ですが、70代になると6・1㎟と約半分になり、2倍明るくないと見えないともいわれています。階段は暗くて影が多い場所ですから、高齢者は階段で転びやすくなるのです。

そこで**電球を明るいものに変えたり、ライトを追加したり、夜間は電気をつけっぱなしにするのがいい**です。

手すりをつけるのもオススメです。手すり、階段、壁、全部にいえることですが、つるつるした素材よりも、**ザラついた摩擦力がある素材のほうが滑りにくくてよい**です。滑り止めの色は、階段が茶色なら白色というように、色が識別されているほうがいいです。この滑り止めを頼りに、高齢者が階段の上り下りができるからです。

骨を丈夫にしておくことも大事です。**1日に摂るカルシウムは650～700mg**を目指しましょう。ただし、食事で摂取するようにしてください。サプリメントですと、血液中のカルシウム濃度が上がり、体に急に負担がかかって心筋梗塞などになることもあるからです。

さらに、**ビタミンDを5・5μg、ビタミンKを150μg**摂る必要もあります。ビタミンDは鮭、ビタミンKは小松菜やほうれん草から摂ることができます。

図11-3 階段での転倒を防ぐ方法

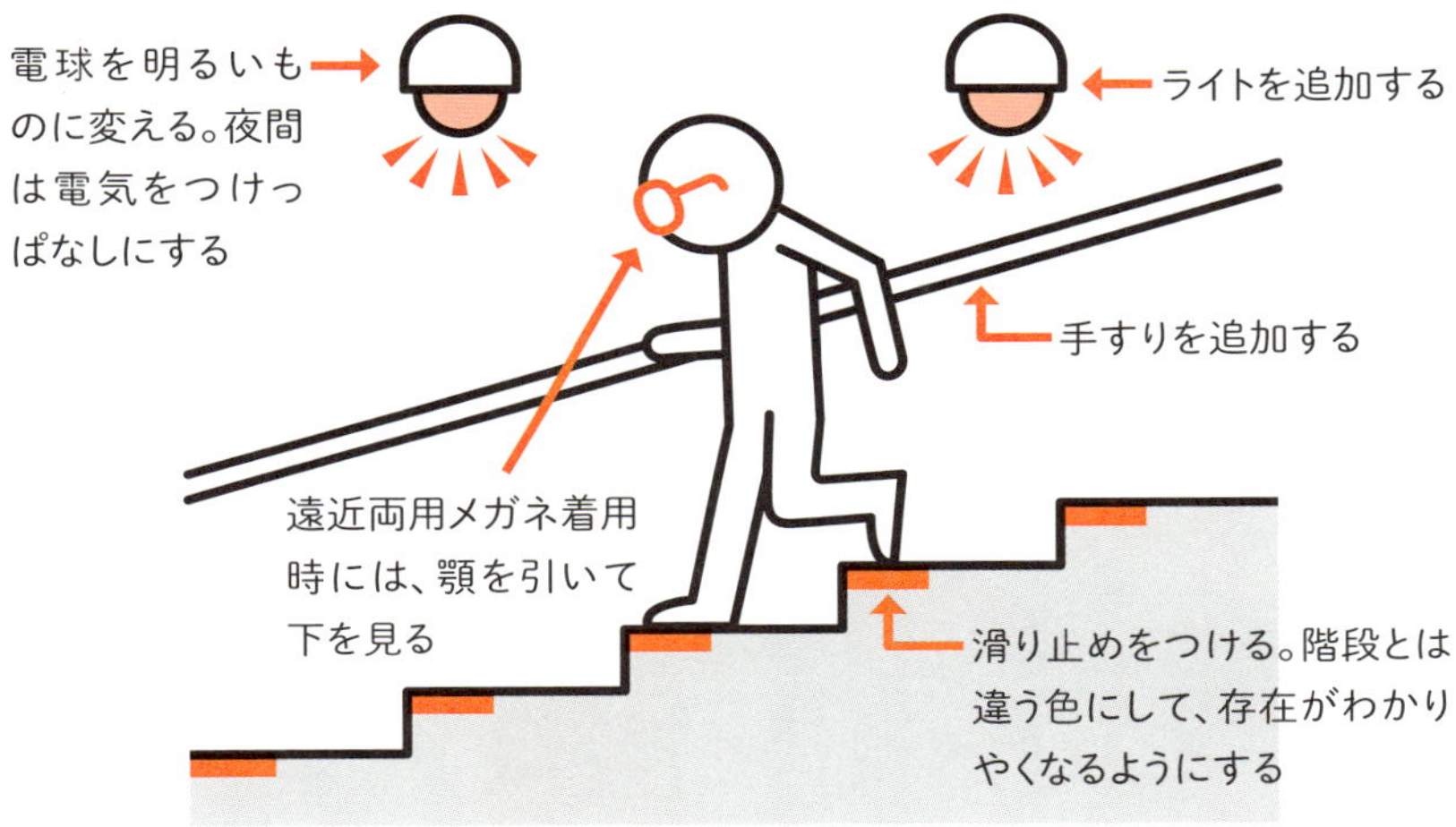

図11-4 骨を丈夫にするカルシウム、ビタミンD、ビタミンKが多い食材

100gあたりの カルシウム含有量(mg)	
煮干し	2200
凍り豆腐(乾燥)	630
あゆ	270
菜の花	130
牛乳	110

100gあたりの ビタミンD含有量(μg)	
あん肝	110
すじこ	47
かわはぎ	43
うなぎ	19
ピータン	6.1

100gあたりの ビタミンK含有量(μg)	
岩のり	1700
ひきわり納豆	930
モロヘイヤ	640
ほうれん草	270
にら	180

※『栄養素図鑑と食べ方テク』(中村丁次監修/朝日新聞出版)より作成

- ■遠近両用メガネをかけたまま階段を下りる際には、必ず顎をしっかりと引く
- ■階段など通路は、電球を変える、ライトを追加するなどして明るくする
- ■骨を丈夫にするために、カルシウム、ビタミンD、ビタミンKを欠かさない

第4章

老人のよくある困った行動 その12

お金がないという割に無駄遣いが激しい。

人間は生きた年数が長いほど、他人を信じやすくなる

「100万円近くもする高級羽毛布団を買う」「家のリフォームを契約する」など、高齢者はある日急に高額なやりとりをしていることがあります。ネットで調べればはるかに安い値段で買えたり、今必要なのか疑問を隠せなかったりする商品であることも多々あります。そんな**もったいない買い物をしてしまうのは、「判断」「記憶」「移動」の3つが関係します**。

まずは判断ですが、これまでの経験や感情で決めてしまうことが多いです。買い物は、値段、見た目に加え、性能は何項目も見ないといけないなど案外大変でありますが、**これまでの経験に頼れば少なくとも大失敗はしないため**、高くても昔からの商品を買ってしまうのです。

次に記憶ですが、よく買うトイレットペーパーなどの値段は覚えていますが、**めったに買わない醤油などは高くても平気で買ってしまいます**。大型家電などはもっと判断できません。

最後は移動ですが、体力低下のために限られた回数と時間で買い物をしたいので、**値段よりも買い物への手間の少なさと安心感を選びます**。

店員の言うことを鵜呑みにすることも多いです。理由として、**ポジティブバイアス**といって「限られた余生を楽しく過ごすために、将来起きる悪いことよりも、物事のいい面を見がち」な傾向が高齢者にあることが関係しています。

図12-1 高齢者の買い物で関係する3大要素

POINT

■高齢者は選ぶ楽しさよりも、長年の経験による判断を優先して大失敗しない買い物をする

■買い物に行くのも体力を使うため、高くても近くの安心できる場所で買ってしまう

■ポジティブバイアスにより、店員などの言うことを素直に受け入れやすい

前ページのことは、**高齢者を標的にする悪徳業者**は、高齢者本人よりも熟知しています。業者に都合のいいことは聞こえやすい声や目立つ字を使い、都合が悪いことは説明を省きすごく小さい字を使います。商品・サービス別に見ると、**住宅工事、健康関連商品が多い**です。

住宅ですと高齢者は持ち家が多いのですが、悪徳業者は築年数が経って傷んできたことを口実に「シロアリがいるから駆除したほうがいい」「このままだと家が倒れる」などと脅《おど》してくるわけです。

健康関連商品では、電気を足からかけると全身がすべてよくなるという機械を１２０万円で買ってしまったという話も、実際にあったのです。

高齢者も実は、アダルトサイトをよく見ている

家族に相談せず、あるいはできずに詐欺《さぎ》に遭うこともあります。ネット詐欺に遭うことが多く、第1位は意外かもしれませんが、なんと**アダルトサイト。高齢者も実はかなり見ており**、よくわからず課金をしてしまうのです。しかし家族には相談できないので、穏便《おんびん》に済ませようと思ってお金を払ってしまいます。

出会い系サイトで女性と知り合えると思って、お金をつぎ込んでしまう場合もあります。多くの高齢女性も、同じようなことをしています。

消費者センターの「消費者トラブル１１０番」に寄せられた高齢者の相談では1位がアダルトサイト、2位がパソコンサポート、3位が医療サービスでした。

詐欺に遭ってしまった後にしたい行動としては、**消費者センターに相談する**という方法があります。電話で「１８８」とプッシュするだけでつながります。アダルトサイトなど家族に相談しにくい時こそ、ぜひご活用ください。

もちろん**家族も普段から、「何かあったら怒ったりしないから、真実を語ってほしい」と伝えておきましょう。**

訪問販売では、**移動式に要注意**。例えば、度数がひどいメガネを高額で買わされて、いざ返金を迫りたくても移動式だから連絡が取れないという結果になります。

国民生活センターの調べによりますと、２０１５年度の70歳以上の消費者被害として最も多いのは電話勧誘販売でした。**電話勧誘販売については、留守電にしておき、必要な所にだけかけなおしましょう。**

図12-2 高齢者が騙されてよく買ってしまう商品と対策

対策

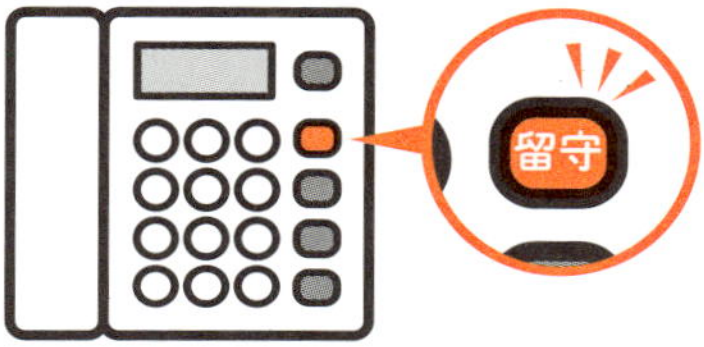

- 留守電にしておき、必要な所にだけかけなおす
- 消費者センターに相談する
- 家族が「気軽に相談してほしい」と伝えておく

よく買ってしまう商品

- 布団
- 健康器具
- 健康食品
- リフォーム
- 浄水器
- 新聞
- ダイヤモンド
- 金
- 太陽光発電
- 火災報知器
- 海外通貨
- 不動産投資

図12-3 消費者センターに高齢者から寄せられた相談案件のランキング

第1位	電話勧誘販売	28,255件（15.4%）
第2位	家庭訪販	24,336件（13.3%）
第3位	インターネット通販	16,077件（8.8%）
第4位	かたり商法（身分詐称）	11,284件（6.2%）
第5位	劇場型勧誘	6,883件（3.8%）
第6位	ワンクリック請求	4,598件（2.5%）
第7位	無料商法	3,771件（2.1%）
第8位	還付金詐欺	3,638件（2.0%）
第9位	次々販売	3,577件（2.0%）
第10位	訪問購入	3,306件（1.8%）

※2015年度の契約当事者70歳以上の相談を、販売方法・手口別にみた場合

POINT

- ■高齢者も実はアダルトサイトや出会い系サイトを見ており、騙《だま》されて高額な課金をしている
- ■何かあったら家族に相談。言いにくい相談なら、消費者センターへ電話
- ■移動式販売は強く警戒し、電話勧誘販売は留守電でブロック

老人のよくある困った行動 その13

「悪い病気じゃないのか…？」と思うくらい食べない。

野菜中心の小食は、健康志向のむしろ真逆だった

高齢者の食事は野菜中心で小食になりがちであることから、若い人よりも健康的に見えます。しかし、ほとんどの高齢者は**後ろ向きの理由**でこのようになってしまっているのです。

1つ目の理由は、肉や繊維質を好まなくなること。野菜を積極的に選ぶというよりも、肉や繊維質を避けているのです。なぜならば、食べるのに時間と体力を使うから。高齢者は顎や歯が弱っていて、口を開けた時のサイズは小さく、口の開閉のスピードも落ちています。

2つ目の理由は、**食べてすぐに満腹を感じてしまう**こと。高齢者は満腹中枢がうまく機能しません。コレシストキニンという満腹ホルモンが空腹時も多いので、満腹かそうでないのかの判断がしにくくなっているのです。そのため、さっき食べたばかりなのに「お昼ご飯はまだかいね？」と言ってしまうことがあります。

3つ目の理由は、**小分けにして食べる癖がつくため、食事の量が減る**こと。小分けにしても総量は変わらないのではなく、減ってしまうことが研究により明らかになっています。人間は小分けされたものを見ても、十分に量があると判断するからです。

しかも**高齢者は痩せることをネガティブにとらえている人が多い**です。周囲が「痩せましたね」という誉め言葉で言ったつもりでも、高齢者は「ガンかも」「命の危険があるのでは!?」と真剣に悩むことがあります。

図13-1 高齢者の食事が、野菜中心で少なくなる原因

その1

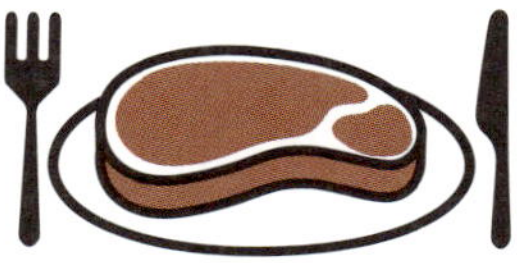

肉や繊維質を好まなくなること

その2

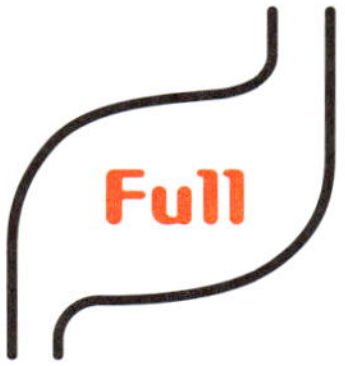

食べてすぐに満腹を感じること

その3

小分けにして食べる癖がつき、食事の総量が減ること

図13-2 中年以降の痩せ型の割合

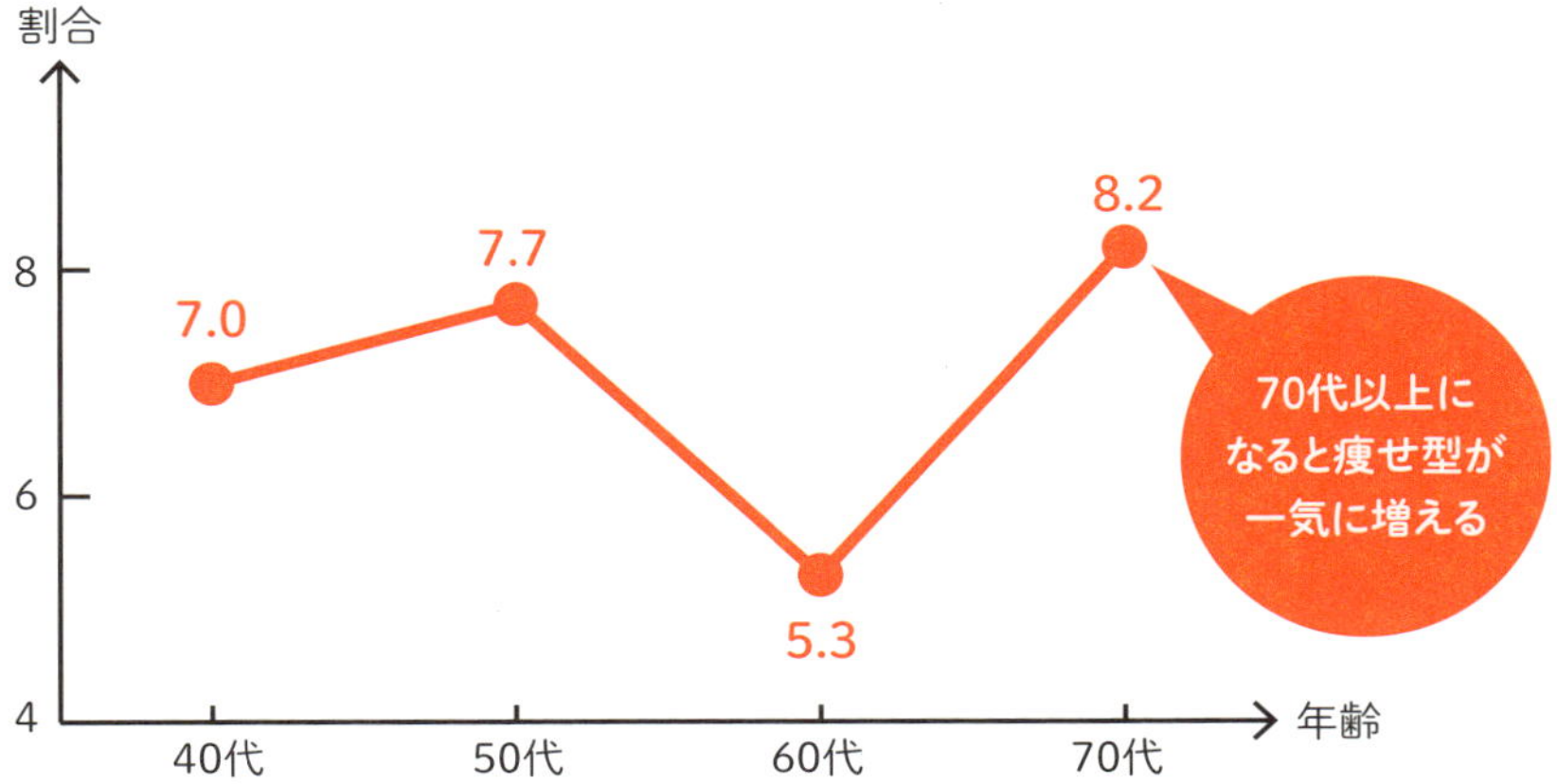

- ■野菜中心で小食になるのは、健康志向やダイエットによるものではない
- ■高齢者は肉や繊維質を避け、満腹中枢がうまく機能しないことがある
- ■高齢者は、痩せることを悪いことだととらえていることが多い

また、「痩せすぎ」の人は80歳以上で11%、85歳以上で15%と増えるので、「痩せた」は「年を取って痩せ衰えた」という意味にもなるので禁句です。

そこで**周囲がまずしたい簡単なことは、「痩せたね」とやたら言わない**ことです。

歯ブラシは最低でも月に1本は変えよう

満腹を感じることについては、固形物でのほうが出やすいことがわかっています。これは、年齢にはよりません。とはいっても全メニューをスープ類にするのはやりすぎですし、顎の力がどんどん弱くなりますので、食事では**汁物を1品は用意しておく程度で十分**です。

調味料で味に変化をつけておくのも、より食を進めやすくするには効果があります。年を取ると新しい料理を作ったり、普段行かない店や新しい食材に手を出したりすることも減ります。一方で調味料なら保存がきく上、場所をそれほどとりません。七味唐辛子ではなくガラムマサラ、丸大豆しょうゆではなくナンプラーなど、普段**使わない調味料を渡して使ってもらいます**。その気になってくれれば、新しい調味料に合わせて新しい料理に挑戦する気持ちも起きてきます。

高齢者は1人で食事することも多いですが、**誰かと食事をしたほうが食が進み、30%多く摂取することも研究でわかっています**。周囲がたまに食事に誘うといいです。ビデオ通話で会話しながらの食事という方法もあります。また、**家族の写真を食卓に飾っておくだけでも効果があ**ることがわかっています。

食事を楽しくするには、不足すると味覚がおかしくなってしまう**亜鉛をしっかり摂取しておく**ことです。亜鉛は血液にも大事な成分です。貧血防止には鉄分がよく挙げられますが、亜鉛も欠かせません。高齢者が貧血になると、普段からフラフラし、出血の多い手術が受けられなくなるので致命的となります。

美味しく食事するには、口の中を清潔にしておくことも必須。歯周病予防が特に重要で、誰でもすぐにできる対策としては**歯ブラシを最低でも月に1本変える**ことです。歯ブラシは長く使っていくと、毛先が開いて使いにくくなり、雑菌だらけになります。歯ブラシの状態が悪いことで、歯垢《しこう》の除去率が6割近くにまで減るともいわれています。

図13-3 食が進むようになる工夫

◀誰かと一緒に食事するのがベストだが、難しい場合は家族の写真を見ながらでもよい

◀普段使わない調味料を使ってみる

例）ナンプラー、豆鼓醤、ガラムマサラ、黒酢、ご当地の調味料（レモスコ、つけてみそかけてみそ、ヘルメスソースなど）

◀汁物は1品は用意する

■食事では汁物を1品は用意しておく
■誰かと一緒に食事する。食卓に家族の写真を飾るだけでも効果あり
■亜鉛をしっかり摂り、歯ブラシは最低でも月に1本変える

第4章

老人のよくある困った行動

その14

命の危険を感じるほどむせる。痰を吐いてばかりいる。

むせることや痰を吐くのを止めると、死を招くことも…

人間は口から入れたものは、食道を通って胃に送り込みます。空気の場合だけ、気管を通って肺に流れるようになっています。これは体が自動的に判別します。

しかし年を重ねると、この判別がうまくいかなくなります。すると、本来は空気が通るべき道である気管に食べ物や飲み物や唾液が流れ、肺に向かってしまいます。そのままだと肺炎になってしまうため、むせて吐き出そうとします。

筋力がしっかりある若い頃は咳《せき》を1、2回する程度で排出されて正しいほうに流れていきます。しかし年を取ると、押し出す力が弱くなり、むせるほどになります。

痰《たん》が多くなるのも、むせることと関係しています。本来は食道のほうに行くべきだった食べ物が肺のほうに行くと、炎症を起こして痰の原因となります。痰は汚いから吐かないほうがいいと思うかもしれませんが、痰を出すというのは大切なことなのです。**高齢者が痰を出せずに肺に入りっぱなしだと、肺炎を起こしてしまいます。**

むせることは見苦しく、痰は汚いから吐かないほうがいいと思うかもしれませんが、**むせるのも痰を吐くのもすごく大事な行為**なのです。

極めて普通で健康的に見えても、高齢になると急にむせて呼吸ができなくなることはよくあります。意識を失って命の危険が出ることもあるので、すぐに対応しましょう。

図14-1 口、食道、気管の構造

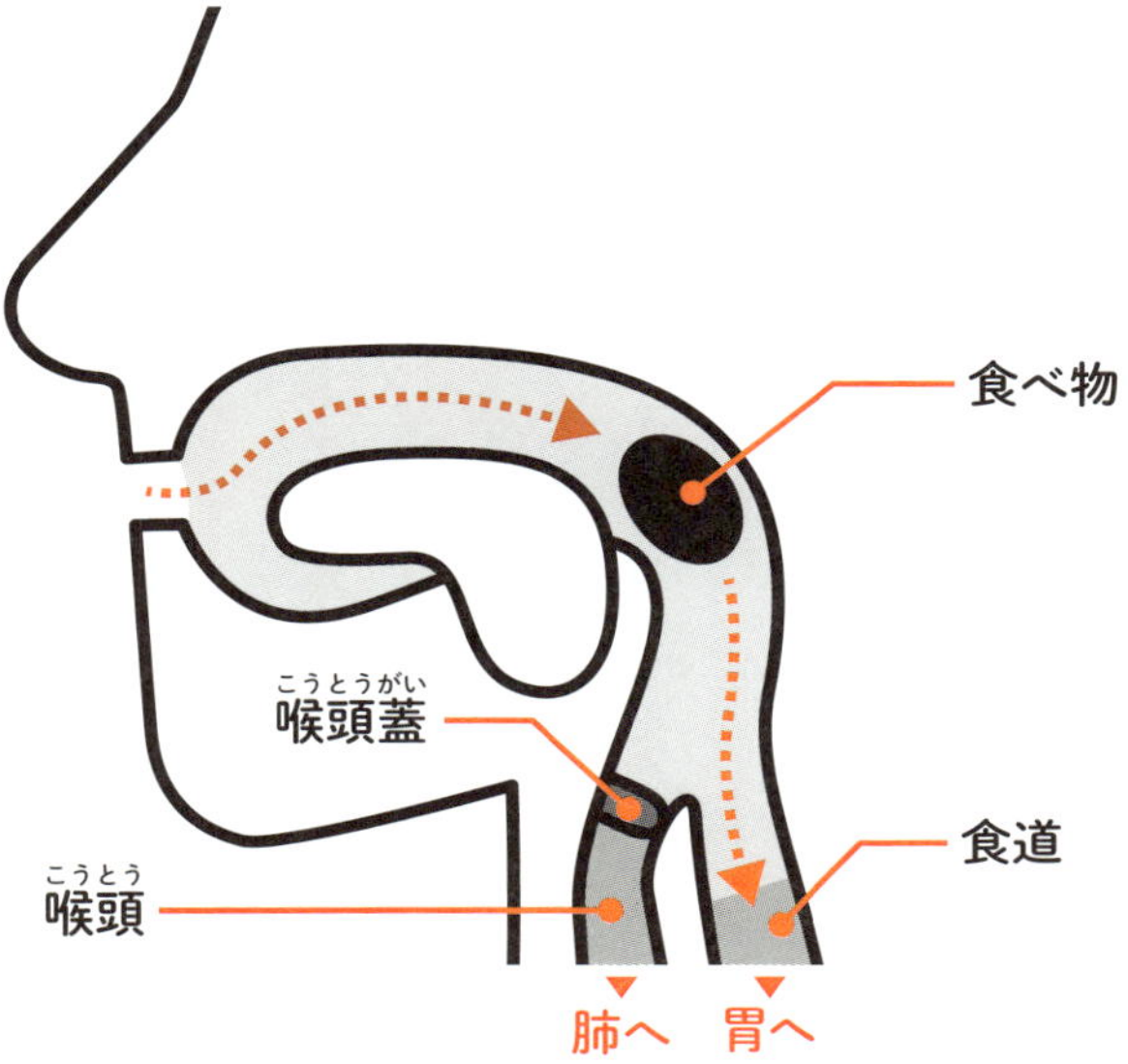

年を取ると、「飲食物と唾液は食道へ」と「空気は肺へ」の
判別の精度が落ちてくる

↓

飲食物や唾液が肺に行く

↓

痰が発生したり、むせたりする

↓

最悪の場合、肺炎を起こす

- ■年を重ねると、空気だけ気管を通す自動判別の精度が下がってくる
- ■むせたり痰を吐いたりは見苦しいかもしれないが、すごく大切な行為である
- ■健康そうに見えても、高齢になるとむせて呼吸困難になり意識を失うこともよくある

痰や食べ物が肺に入ってしまって肺炎になることを誤嚥性肺炎《ごえんせいはいえん》といいますが、これに発症すると昨日まで元気だった人も突然生死をさまようことがあります。**今や肺炎は死因の第3位にまでなっている**のです。

喉を詰まらせたら、とにかく背中を叩く！

ですから周囲は、**痰が出そうな時は「汚いからやめて！」ではなく「手伝ってあげるよ」がいいのです。**

もし高齢者が突然喉を詰まらせたら、ぜひやってほしいことが2つあります。

1つはと**にかく背中を叩く「タッピング」**。背中を叩いて、詰まったものを出すのです。

もう1つは、**「ハイムリック法」といって、抱えながら胸を押して詰まったものを出す方法**。ハイムリック法のほうが効果は高いのですが、うまくできないと内臓の損傷リスクがあるため、自信がない場合はタッピングで構いません。

一番よくないのは、何をしたらいいのかわからないからと、呆然と立ち尽くしてしまって何もしないことです。

「掃除機で吸い出してよくなった」という話を聞いたことがあるかもしれません。でも、失敗して逆に押し込んでしまったり、口の中を傷つけてしまったりすることもあるので、避けましょう。

高齢者が自分で痰を出しやすくする方法もあります。まずは**「ハッハッハッ」と声を出さずに勢いよく息を吐き出す「ハフィング」をします**。すると痰が一気に押し上がってきます。**次に3回ほど咳をすれば、痰がスムーズに出てきます。**

普段からしたいこととしては、まずは舌を鍛えること。**「舌を上顎にしっかりと押し付けて力を入れ、3秒経ったら力を抜く」というのを10回繰り返します。これを朝・昼・晩行います。**

呼吸筋を鍛えておくのも大事。鼻から空気を**3秒吸って、口から6秒間吐くだけ**。ろうそくを消すように吐くというのがポイントです。

むせないようにするには、口が渇かないようにしておくことも大切です。**水分を摂ったり、飴をなめたりするといい**です。

イカやタコの刺身など**喉につっかえやすいものは、小さく刻んでから食べるといい**でしょう。

図14-2 高齢者が喉を詰まらせたら、周囲がしたい応急処置

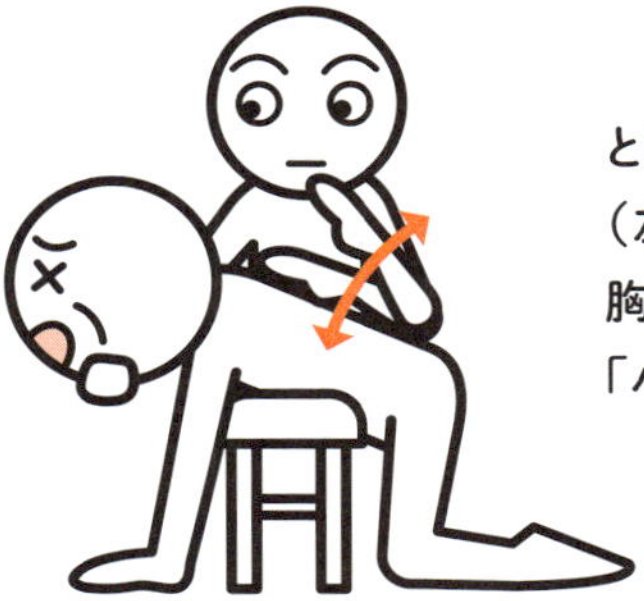

とにかく背中を叩く「タッピング」（左のイラスト）か、抱えながら胸を押して詰まったものを出す「ハイムリック法」を直ちに行う

図14-3 高齢者が自分で痰を出しやすくする「ハフィング」

1. 鼻から息を吸う
2. 「ハッハッハッ」と声を出さずに、強く速く息を吐き出す
3. 3回ほど咳をすると、痰がスムーズに出る

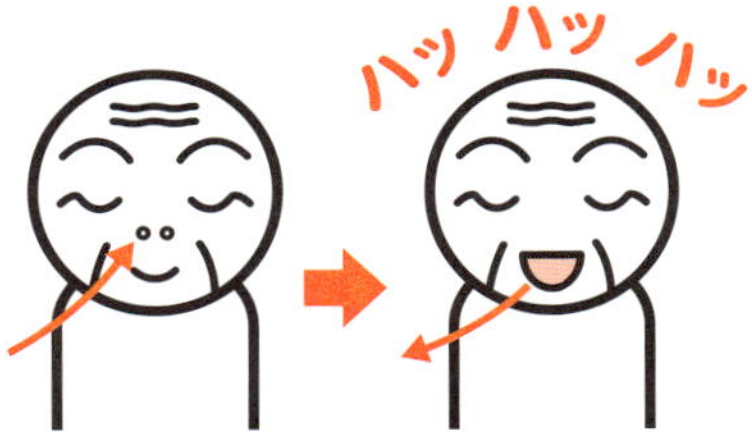

図14-4 普段から舌を鍛えるのも大事

1. 舌を上顎に押し付けて力を入れる
2. 3秒経ったら力を抜く。以上①②を10回繰り返す。これを朝・昼・晩行う

※他にも、マメな水分摂取、飴をなめる、喉につっかえやすいものは小さく刻むのも有効

■喉を詰まらせたら、タッピングかハイムリック法を行う
■痰を出しやすくするには、ハフィングをしてから3回ほど咳をすればよい
■舌や呼吸筋を鍛え、水分をよく摂っておく

第4章

老人のよくある困った行動 その15

その時間はまだ夜じゃないの？というほど早起き。

早起きを放置すると、昼夜逆転や認知症になることも…

高齢になると早寝早起きになります。でも、健康的だからいいだろうと放置すると、夜中に起きて昼間に寝るという昼夜逆転になってしまうこともあります。こうなると認知症になりやすくなり、**認知症になると家族は夜中に起きてトイレなどの世話をする必要も出てきます**から、とても大変なことになります。

介護ヘルパーさんは、夜はなかなか来てくれません。となると、ずっと寝ないで世話をしなければなりません。1、2時間に1回は起きてトイレのサポートをするとなると、かなり辛いものです。ですから、なるべく夜にしっかり寝てもらうことが大事です。

ただ、高齢者をよく観察すると、**寝つきはそれほど悪くありません。途中で起きたり、そのまま眠れなかったりすることが問題**なのです。睡眠が浅いために起きてきます。**物音、寒さや暑さ、かゆみ、痛み、おしっこが起きてしまう主な原因**です。

そこで周囲がまずしたいことは、物音で目が覚めてしまうのを防ぐこと。トイレや洗面所や台所など**夜中に誰かが行くことが多い場所と高齢者の寝る場所は近くにしない**ことです。

寒さや暑さで起きてしまうこともあるので、**エアコンをうまく使いましょう**。タイマーでしばらくつけておき、直接風が当たらないようにし、温度設定は抑え目にすれば、エアコンで体を壊すことも起きにくいはずです。

図15-1 高齢者の早寝早起きが、家庭崩壊になるまで…

❶「早寝早起きで健康的！」と思いきや

❷夜中に起きて、昼間に寝る生活に…

❸家族は夜通しでトイレの世話をして、仕事や家事がまともにできなくなることも…

図15-2 不眠のタイプごとの年代別頻度

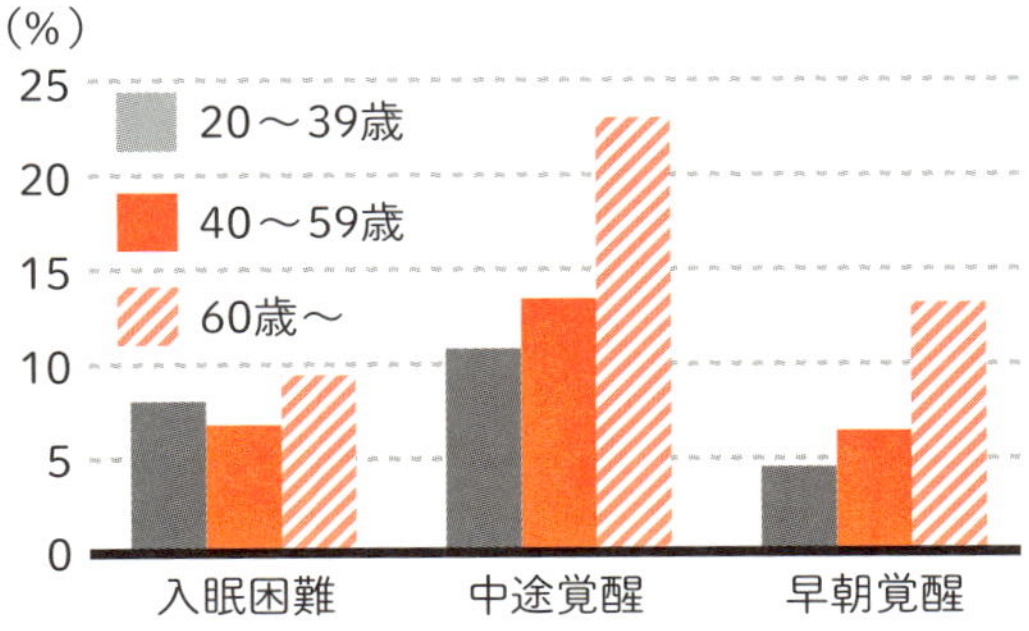

入眠困難の頻度は、年代によって差はほとんどない。だが、中途覚醒と早朝覚醒は、加齢とともに増加する

- ■早寝早起きを放置すると、昼夜逆転や認知症になってしまうことも
- ■昼夜逆転によって、トイレの世話をする家族の生活がメチャクチャになることがある
- ■高齢でも寝つきはそれほど悪くない

眠くないのに寝ようとすると、かえって目が覚めてしまう

高齢者はかゆみにも敏感でそれで起きてしまうこともあるので、ダニを除去するために**布団やベッドに掃除機をこまめにかけ、布団をよく干しましょう**。布団用クリーナーを使うのもいいでしょう。

年を重ねると皮膚《ひふ》が乾燥し、かゆみの原因になりますから、部屋内の保湿が重要となります。**寝床に加湿器を置くか、濡れタオルをかけておくのも効果的**です。

かゆみ対策としては、寝具選びも欠かせません。レーヨンやポリエステルは皮膚への刺激が強くかゆみの原因になりがちなので、**木綿やガーゼなどの生地を選びます**。皮膚に対して刺激がないものを使いましょう。

痛みで起きてしまうこともあります。腰、膝《ひざ》、関節、背中が特に多いのですが、昼間はさほど痛みを感じないこともあるため、治療を受けるのを忘れてしまいます。一度診療を受けましょう。

おしっこも目を覚ます原因となります。とはいっても水を飲むのを我慢すると、喉が渇きますし、水分が少なくなることで脳梗塞などの発症率が上がります。そこで、**水分摂取は就寝4時間前までにする**のを目安とするのが1つの方法です。あまりにトイレで起きてしまう場合は、口を湿らせる程度にするのもいいでしょう。

意外に知られていませんが、**認知症の薬の副作用でも眠くなったり、眠りにくくなってしまいます**。

どうしても眠れない場合は、無理やり寝ようとするとかえって眠れなくなるので、寝床は眠くなってから入るようにしたほうがいいです。焦らずに本を読んだりラジオを聞いてゆっくりしましょう。スマホやテレビは刺激が強いので、やめてください。

朝日はしっかり浴びてください。今日1日を過ごす準備が体内で整い、メラトニンという睡眠ホルモンがバランスよく分泌されて、夜に深く睡眠しやすくなります。

このように光が睡眠に大きく影響しますから、夜の就寝時はなるべく暗くし、真っ暗だと落ち着かない人は間接照明にして顔に直接光が当たらないようにしましょう。

昼にどうしても眠くなった場合は、昼寝は15時までに30分以内にとどめてください。

睡眠にいいといわれるテアニンを含みつつ覚醒作用のあるカフェインを含まない**麦茶も飲むといいでしょう**。

図15-3 不眠や昼夜逆転を防ぐためにしたいこと

□トイレや台所など夜中でも家族の出入りが多い場所と、高齢者の寝室は近くにしない

□エアコンで温度管理。控えめの温度設定にして、風を直接当てないようにし、タイマー設定で自動的に消えるようにする

□部屋を保湿する。加湿器を使ったり、濡れたタオルをかけておく

□部屋は暗くするのがベストだが、暗いのが苦手なら間接照明を使う

□布団は掃除機をかけたり干すなどして、ダニを除去しておく

□寝具は、木綿やガーゼなど皮膚への刺激が少ないものを選ぶ

□水分摂取は、就寝の4時間前までに。麦茶がオススメ

□朝日はしっかり浴びる

□眠れない場合は、無理して寝ない。本やラジオでリラックス

第4章

老人のよくある困った行動 その16

そんなに出るの？と不思議に思うくらいトイレが異常に近い。

高齢者は1時間以上じっとさせてはならない

高齢者がトイレばかり行ってしまうのには理由があります。まずはおしっこを濃縮するホルモンが低下してしまうこと。すると尿が薄くなるので、悪い成分を外に出すためにおしっこの量が増加してしまいます。このこともあって、高齢者は外に出たがらない傾向にあるのです。

また、おしっこをためておく膀胱《ぼうこう》が硬くなって伸縮性が弱まるため、膀胱にあまりためておくことができなくなり、少しでもおしっこがたまるとすぐにトイレに行きたくなります。

さらに男性の場合は、前立腺肥大によっておしっこが通る尿道が圧迫されるため、残尿感が出てしまいます。女性は元から尿道が短いため我慢が苦手です。**我慢できるのは60分、長くても90分が限度**のようです。

外出に誘うのなら**1時間以上じっとしなくても済む場所を選ぶ**のも1つです。長時間座り続けないといけない映画館、並ぶことの多い人気のレストランや遊園地などに行くのは、慎重になったほうがいいでしょう。講演会を開催する場合は、2時間以上になるのであれば、1時間ほど経った途中で休憩をはさんだほうがいいです。

あと、基本的なことですが、**カフェインの摂りすぎもトイレを近くします。コーヒーやお茶は、飲みすぎないようにしましょう。**特に就寝前はトイレで夜中に起きてしまい不眠症にもつながるので、要注意です。元々昼夜が逆転しやすい人は、なおさら控えたほうがいいです。

図16-1 1時間以上じっとしがちな場所

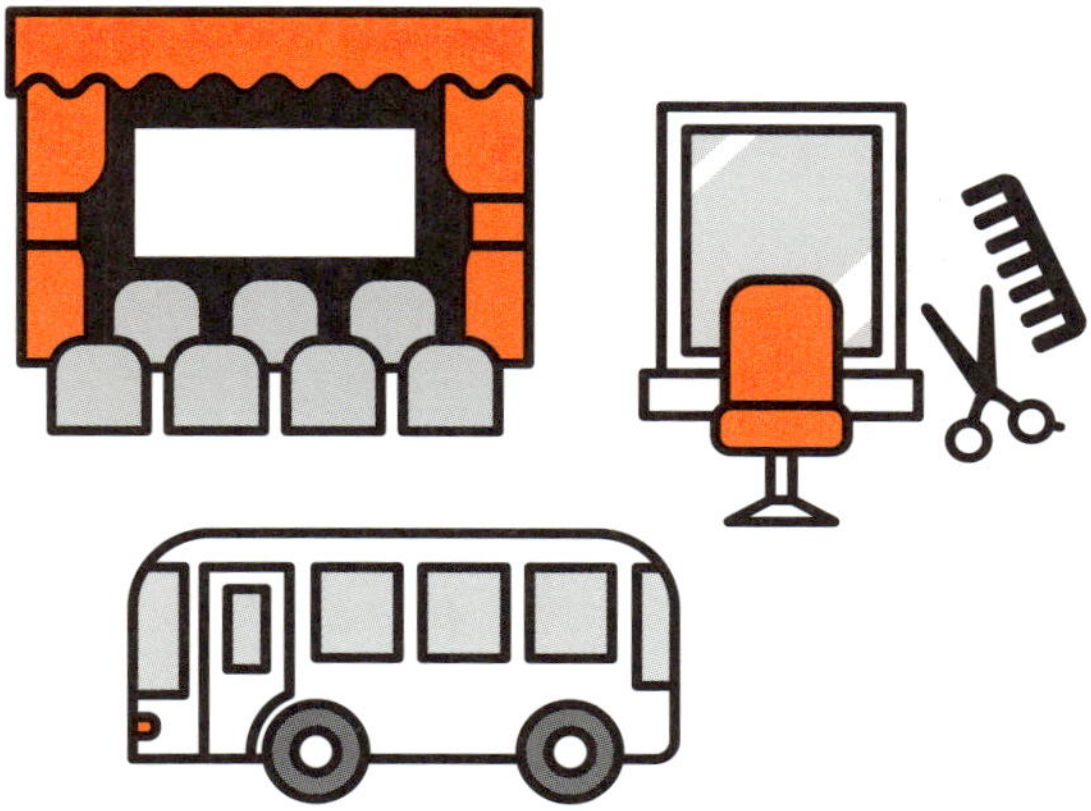

- 映画館
- 電車・バス・車
- マッサージ
- 病院
- 人気のレストラン
- 美容室
- エステ
- ネイルサロン
- 遊園地
- 花火大会の会場

図16-2 カフェイン濃度一覧

インスタントコーヒー（顆粒製品）	1杯当たり80 mg
コーヒー（浸出液）	60 mg/100 mL
紅茶（浸出液）	30 mg/100 mL
せん茶（浸出液）	20 mg/100 mL
ほうじ茶（浸出液）	20 mg/100 mL
ウーロン茶（浸出液）	20 mg/100 mL
玄米茶（浸出液）	10 mg/100 mL
カフェインを多く添加した清涼飲料水	32～300 mg/100 mL

※「市販4製品の成分表示等（2017年5月29日、一般社団法人全国清涼飲料工業会調べ）」「文部科学省『日本食品標準成分表2015年版（七訂）』」より作成

- ホルモンと膀胱の変化により、高齢者はおしっこを我慢しにくくなる
- 高齢者は1時間以上じっとさせてはいけない
- カフェインの多いコーヒーやお茶は飲みすぎない。特に就寝前

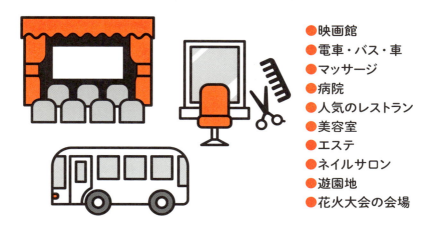

食物繊維も摂り方を間違えると便秘を招く

よくある間違いがこまめにトイレに行くことですが、これは逆効果です。ちょっとでもおしっこがたまっただけで、トイレに行きたくなる癖がついてしまうからです。**多少は我慢することで訓練するほうがよい**ことがわかっています。

また、緊張するとトイレに行きたくなりますが、「これからトイレに行けないから」と思うと、むしろトイレに行きたくなってしまうものです。ですから、いつでも行けるという気持ちで過ごしたほうが、結果としてあまりトイレに行かずに済みます。

普段からできる対策としては、**おしっこを我慢する筋肉である骨盤底筋を鍛える**という方法があります。まずは仰向けになって膝を軽く曲げます。次に息を吐きながら睾丸《こうがん》や膣《ちつ》・肛門《こうもん》に力を入れるのを5秒、そして力を抜いて息を吸うのを5秒します。その次に、四つん這《ば》いになって息を吐きながら睾丸や膣・肛門に力を入れるのを5秒、そして力を抜いて息を吸うのを5秒します。体の外側ではなく内側に力を入れるように意識するのがコツです。これで**尿漏れだけでなく便漏れも少なくなります**。

高齢者は便漏れ、さらに便秘にもなりやすいです。そこで、便秘対策にも触れておきます。基本的なことですが、なるべく動いてしっかりとバランスよく食事を摂ることが、快便につながります。なおこれは、若い人だって同じことです。入院すると普段より食事の量は減りますし運動はしませんから、「毎日快便だったのに、入院してから便が出ない」という人が多いのです。

便秘対策には、油分と食物繊維を摂ることも欠かしてはいけません。ただ、この食物繊維、同じ食材ばかり食べて摂取してしまいがちですが、**食物繊維には水溶性と不溶性があります。どちらも摂らないと、便秘が余計にひどくなってしまう**ので要注意です。

不溶性の食物繊維はきのこや野菜に含まれますが、これによって腸が刺激され、便がしっかりと体積を維持できるのです。水溶性の食物繊維は、海藻類やネバネバした食べ物に含まれ、腸内のものの流れをよくします。不溶性ばかり摂る人が多いのですが、水溶性も忘れずにしっかりと摂ってください。

図16-3 骨盤底筋のトレーニング

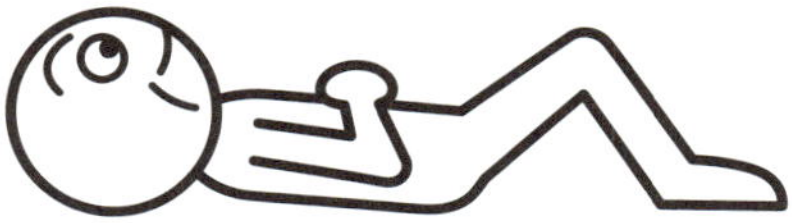

仰向け姿勢（朝・晩、布団の中で）❶〜❸を、2〜3回繰り返す。次に四つん這いになって、同じことをする

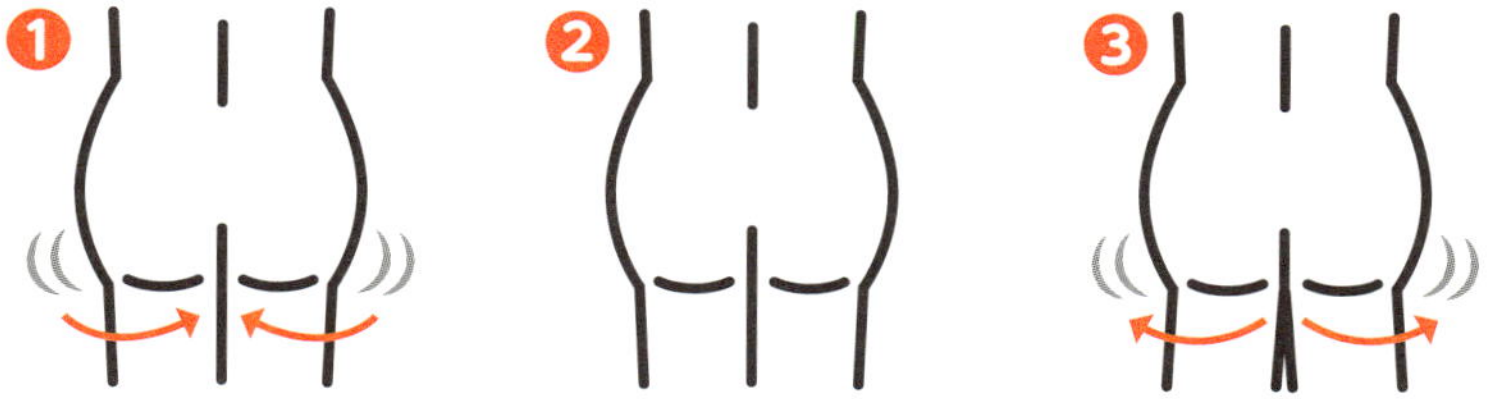
❶
息を吐きながら
ぎゅっと閉める
❷
5秒間ほど静止
❸
ゆっくり緩め、息を吸う

図16-4 食物繊維が多い食材（可食部100g中の量）

	水溶性	不溶性
小麦粉（薄力粉）	1.2g	1.3g
ライ麦粉	4.7g	8.2g
じゃがいも	0.6g	0.7g
切り干し大根	3.6g	17.1g
ごぼう	2.3g	3.4g
枝豆	0.4g	4.6g
パセリ	0.6g	6.2g
きくらげ（乾燥）	0g	57.4g

	水溶性	不溶性
干ししいたけ	3g	38g
干し柿	1.3g	12.7g
アボカド	1.7g	3.6g
あずき（乾燥）	1.2g	16.2g
ひきわり納豆	2g	3.9g
栗（ゆで）	0.3g	6.3g
ごま（煎り）	2.5g	10.1g

※「日本食品標準成分表2015（文部科学省科学技術・学術審議会資源調査分科会報告）」「奥田恵子著『炭水化物&食物繊維　糖分ランキング』エクスナレッジ社2011　食品の目安量を参考」より作成

POINT

- ■トイレにこまめに行かないほうがいい
- ■尿や便を我慢できる骨盤底筋を鍛える
- ■食物繊維は、不溶性ばかりでなく水溶性もしっかり摂取する

著者略歴

平松 類（ひらまつ・るい）

医師／医学博士。

愛知県田原市生まれ。昭和大学医学部卒業。

現在、昭和大学兼任講師ほか、二本松眼科病院、彩の国東大宮メディカルセンター、三友堂病院で眼科医として勤務している。

のべ10万人以上の高齢者と接してきており、高齢者が多い眼科医として勤務してきたことから、高齢者の症状や悩みに精通している。

医療コミュニケーションの研究にも従事し、シニア世代の新しい生き方を提唱する新老人の会の会員でもある。

専門知識がなくてもわかる歯切れのよい解説が好評で、連日メディアの出演が絶えない。NHK『あさイチ』、TBSテレビ『ジョブチューン』、フジテレビ『バイキング』、テレビ朝日『林修の今でしょ！講座』、テレビ東京『主治医が見つかる診療所』、TBSラジオ『生島ヒロシのおはよう一直線』、『読売新聞』、『日本経済新聞』、『毎日新聞』、『週刊文春』、『週刊現代』、『文藝春秋』、『女性セブン』などでコメント・出演・執筆等を行う。

※本書は加齢変化について書いています。症状がある場合は、主治医にご相談ください。
※本書は、SB新書『老人の取扱説明書』（2017年9月刊）の内容を一部加筆修正し、最新情報を盛り込んで改定した図解版となります。

図解 老人の取扱説明書

2018年8月20日　初版第１刷発行

著　者　平《ひら》松《まつ》 類《るい》

発行者	小川 淳
発行所	SBクリエイティブ株式会社
	〒106-0032　東京都港区六本木2-4-5
電話	03-5549-1201（営業部）
装丁・カバーイラスト	荒井雅美（トモエキコウ）
本文デザイン・イラスト・DTP	千葉さやか（Panchro.）
校正	豊福実和子
協力	おかのきんや
編集担当	杉浦博道
印刷・製本	三松堂株式会社

落丁本、乱丁本は小社営業部にてお取替えいたします。

定価はカバーに記載されております。

本書の内容に関するご質問は、小社学芸書籍編集部まで必ず書面にてお願いいたします。

ISBN 978-4-7973-9757-4